本书书名由中华人民共和国民政部部长李立国亲笔题写：

童缘之光

李立国

2012年6月6日

童霞之光

——中国涉外送养儿童生活掠影

中国儿童福利和收养中心 编著

中国社会出版社

《童爱之光——中国涉外送养儿童生活掠影》编委会

序

我认真阅读了中国儿童福利和收养中心编纂的《童爱之光——中国涉外送养儿童生活掠影》，书中记录的四十余个外国家庭与被收养儿童间感人至深的故事，是我国十多万孤残儿童在国外生活的缩影！孩子们在充满爱心的养父母呵护下幸福成长，小小年纪就已崭露头角，取得了骄人成绩。这一切得益于为孩子们开辟了新生活的跨国收养。

看过书后，我无法忘记每个家庭从故事中流露出来的那种感恩和快乐的心态，那种对跨国收养的理解和豁达，那种对不同种族和文化相互融合而付出的执著努力，还有对身患疾病和先天缺陷儿童无微不至的呵护和照料。更加可贵的是，收养父母对保持孩子的文化传统倾注热情，学习中文、学习中国舞蹈、品尝中国美食、过中国节、参加汉语比赛、带大一些的孩子回国寻根、探访福利院……孩子们在爱的沐浴和感染下，已经开始通过到福利院做义工、为患病的孩子募捐义卖等实际行动来回馈社会，将爱传递。

书中的每一个故事都从一个视角反映出，我国的跨国收养法律健全，程序规范，每一个环节都充满爱心。这是一个阳光工程、爱心事业，在中国卓有成效的收养体系和送养国与收养国双方的法律框架下，有大约十多万名孤残儿童被美国、加拿大、西班牙、荷兰、法国、瑞典、丹麦、芬兰、挪威、比利时、冰岛、英国、爱尔兰、意大利、澳大利亚、新西兰、新加坡等十七个国家的爱心家庭收养。中国儿童福利和收养中心十六年来的出色工作成绩斐然，得到了多方面的赞誉。

跨国收养是伴随我国改革开放的脚步走来的，她进一步促进了观念的改变，推动了各级政府对孤残儿童福利工作的重视和发展，福利机构在基础设施、科学管理、人员素质，以及孤残儿童的喂养、抚育、医疗、康复等方面都有了进一步提高。通过跨国收养工作，福利机构与各国收养组织、慈善机构广泛开展跨国交流合作，接受慈善捐助，孤残儿童的养育水平和医疗康复条件，得到了明显的改善。

爱心无国界，通过这一个个鲜活的儿童成长故事，我感受到了一种深厚、纯洁、温暖和跨越国界、跨越民族的父子情、母女爱，感受到了一种宽广、博大的人道主义情怀！我深深地祝福孩子们，珍惜这份美好和幸福，感恩父母，同时热诚地向你们和你们的父母发出邀约，你们虽然家在世界，但根在中国，欢迎常回来看看！

谨把此书推荐给广大读者，从中可以更深刻地理解中国跨国收养工作内在的含义。

民政部副部长 窦玉沛

2012年12月于北京

前　言

谨以此书献给被外国爱心家庭收养的孤残儿童和他们的收养父母！献给每一位为了孩子回归家庭而辛勤工作的人！献给每一位关心孩子前途和命运的人！

2011年6、7月间，中国儿童福利和收养中心向国外收养组织和收养家庭发出了征稿启事，收养组织和收养家庭踊跃投稿，共收到稿件近三百篇，我们从中甄选了四十多个收养家庭的故事。

四十多个故事，分别记录了孩子们在收养父母的养育和照顾下成功融入家庭和社会并健康成长的经历。收养父母对孩子们的成长倾注了大量心血和汗水，为他们创造了宽松优越的生活、学习环境和医疗康复条件，孩子们的心智得到了发展，潜能得到了开发，疾病得到了医治，有些孩子在数学、音乐、绘画、语言、文学创作、艺术、体育、社会活动等方面已崭露头角，在学校和社区也小有名气。他们之中有总统教育奖和国会金质奖章的获得者，有致力于残疾人事业发展的奖学金获得者，有做过议员助理的“数学小天才”，有数学竞赛、滑冰比赛、体操比赛和舞蹈比赛的冠军得主，有写作大赛的第一名，有大熊猫保护大使，有拉拉队明星，有歌舞组合的小演员，有“小剑客”、小骑手……

故事不仅反映了孩子们的幸福生活和取得的成就，还记录了收养父母对病残儿童的精心照料和呵护，不仅为孩子们提供了最好的医疗康复条件，还承担了教育他们、引领他们的责任，为这些孩子融入社会付出了更大的努力。

跨国收养不仅架起了孩子和家庭之间的桥梁，还架起了中国和世界之间的友爱桥梁，因为家中有了中国孩子，收养父母成为了中国的“亲戚”，许多收养家庭努力保持被收养儿童的文化传统，有的全家一起学中文、吃中餐、庆祝中国节日，让孩子为自己是中国人而感到骄傲和自豪。

在编纂此书的过程中，我们曾无数次为这些跨越国界的感人故事而感动。为了这份感动，为了给更多孩子一个永久的温暖家庭和一双关爱他们的父母，中国儿童福利和收养中心的全体人员将一如既往地努力工作下去！

让我们通过此书了解和分享孩子们快乐和精彩的人生吧！

最后，衷心感谢为本书积极投稿的收养组织、收养父母和孩子们。祝福你们！

中国儿童福利和收养中心

2012年12月

目 录

大爱无疆

——中国涉外收养工作纪实

涉外收养的历程

涉外收养工作起源

上世纪80年代，随着中国改革开放的逐步深入，对外交流的日益增多，越来越多的外国人来到中国，一些人到福利机构做义工，并且萌生了收养中国儿童的愿望。据现有资料记载，第一例涉外收养发生在1981年初，在华工作的一对美国外交官夫妇收养了广东省的一名弃婴。从此，涉外收养为永久安置孤残儿童开辟了一条新的途径。

早期的涉外收养规模很小，主要采取个案办理的方式，民政、司法、外事、公安等部门按照各自职责开展工作，并逐步形成了民政部和司法部共同接收、审核和办理外国人来华收养申请的工作格局。

1996年5月，国务院确定由民政部主管涉外收养工作，同年6月28日，经中编办批准，民政部组建“中国收养中心”，专门负责全国的涉外收养事务。从此，涉外收养进入理顺关系、健全法制、规范程序和加强管理的发展阶段。

日益完备的法律体系

伴随着我国经济的快速发展和社会的文明进步，中国涉外收养工作的法律体系日益完善，迄今为止已经相继出台《中华人民共和国收养法》、《外国人在中华人民共和国收养子女登记办法》等重要法律、法规和部门规章，对涉外收养的条件、程序及机构，儿童身份的确认，收养关系的确立，收养的公证及捐赠款的管理和使用等内容做出了明确的规定，从而保证了这项工作持续、稳步、规范、健康的发展。

2005年，全国人大常委会批准中国加入《跨国收养方面保护儿童及合作公约》，确定民政部为履行《公约》职责的中央机关，中国收养中心负责履行第十五至第二十一条规定的中央机关职能。这为在国际公约框架下最大限度地保护中国被收养儿童的权益提供了可靠的保障。

逐渐增加的合作国家

中国收养中心成立之初，与美国、西班牙、加拿大、瑞典等10个国家开展收养合作。

随着中国涉外收养工作的持续健康发展、国际影响力的不断增强，有更多国家的公民希望来华收养。中国又相继与法国、爱尔兰、澳大利亚等7个国家建立了收养合作关系。

目前，中国共与17个国家的138个政府部门和收养组织开展合作。这其中，收养国的政府部门在制定政策、协调沟通、监督检查、解决法律冲突等方面发挥着主导作用，而收养组织则承担着大量具体事务工作，以保障收养工作的正常开展。

不断拓展的涉外送养对象

《收养法》第四条有明确的规定，不满14周岁丧失父母的孤儿、查找不到生父母的弃婴和儿童、生父母有特殊困难无力抚养的子女，可以作为被收养人。但长期以来，中国涉外送养的对象主要还是福利机构抚养的孤儿和查找不到生父母的弃婴和儿童。

在中国收养中心成立最初的几年中，涉外送养的儿童主要是健康儿童，占被送养儿童总量的90%以上。但是，由于很多外国家庭对收养大龄儿童和残疾儿童等特需儿童表示出真诚的愿望，所以当时也有为数不多的特需儿童被收养。

近年来，福利机构可被涉外收养的健康儿童越来越少，特需儿童的比例逐渐升高。针对特需儿童在国内难以获得永久安置的现状，同时为了满足外国家庭收养特需儿童的意愿，中国收养中心在2002年启动了特需儿童安置项目，委托外国收养组织为特需儿童寻找家庭。2006年，中国收养中心又自主研发了特需儿童网上业务系统，利用现代化技术手段帮助更多的特需儿童回归家庭。

与此同时，为贯彻落实国务院办公厅《关于加强孤儿保障工作的意见》，中国收养中心积极探索社会散居孤儿涉外送养。在调查研究的基础上，中国收养中心先后在河南、江苏等地开展社会散居孤儿涉外送养工作试点，帮助更多的孤儿重获家庭温暖。

不断延伸的工作领域

为适应涉外收养后服务工作的需要，1998年中国收养中心增设了档案管理部，填补了在收养文件归档和管理方面的空白，同时也为跟踪中国儿童被收养后的生活成长情况奠定了结构性的基础，使中国对被收养儿童权益的保护覆盖到他们成长的全过程。

为提高涉外收养服务能力，经民政部批准，中国收养中心在1998年发起并成立了爱之桥服务社，专门承担涉外收养有关业务咨询、文件翻译、收养家庭来华旅行接待、寻根回访等工作，为被收养儿童和收养家庭提供热情周到的收养服务。

为提高涉外收养工作效率，1999年，中国收养中心组织研发了“涉外收养管理信息系统”，并将系统推广到开展涉外送养的省级民政部门和社会福利机构，从而实现了涉外收养工作的信息化管理。2005年，中国收养中心增设信息技术部，进一步提高了全国范围的涉外收养信息化建设水平。

规范、有序的涉外收养体制和制度

中国的涉外收养工作得到了党和政府的高度重视，多位国家领导人对涉外收养工作都做出过指示，体现了对孤残儿童权益的殷殷关怀。2002年初，国家主席江泽民在接见美国国会收养联盟代表团时强调指出：“跨国收养对世界和平与发展也具有积极意义”。2001年，全国人大常委会副委员长彭珮云题词，“认真做好涉外收养工作，让更多的孤残儿童回归家庭”。2004年，全国人大常委会副委员长何鲁丽题词“一切为了孩子”，高度肯定了涉外收养工作的重大意义，明确了涉外收养工作应遵循的宗旨。

完备的收养体制

中国的涉外收养工作始终遵循《联合国儿童权利公约》和《跨国收养方面保护儿童及合作公约》的精神，始终遵循“儿童利益优先”的原则，始终遵循中国相关的法律规定。经过不断的探索和改进，目前已经形成了“一个窗口对外、上下统一、部门协调”的工作格局，建立起了一套高效、便捷、顺畅的工作运行机制。

民政部历任领导都高度重视、关心、支持涉外收养工作，注重把握涉外收养工作的发展方向，明确指导思想，提出工作要求，保障了涉外收养工作的稳步健康发展。

中国收养中心作为中国政府委托的唯一一家专门负责涉外收养工作的机构，履行海牙公约规定的中央机关部分职能，除了负责同外国政府主管部门和收养组织的联络和交流，接收和审查外国收养人的收养申请文件，并为符合中国收养法规定的外国收养人安排收养对象，还负责协助处理侵害中国被收养儿童合法权益的案件。

各省级民政部门负责审核送养人和被送养儿童材料，并办理涉外收养登记。

我驻外使领馆负责对外国收养人的收养申请和相关证明材料进行认证。

司法部门根据收养当事人的要求办理收养公证。

公安部门负责对被收养儿童身份来历进行调查核实，并为其办理护照和出境手续。

完备的涉外收养工作体制为切实保护被收养儿童的权益提供了强有力的支撑。

严把被收养儿童来源关

对儿童身份的确认是涉外送养工作中一个重要环节，要经过相关部门的层层把关。按法定程序，弃婴捡拾人必须向当地公安部门报案，公安部门立案查找其生父母并为确实查找不到生父母的弃婴出具相关证明，社会福利机构报经当地民政部门批准后将弃婴接收入院。对于安排涉外送养的儿童，省级民政部门要在省级报纸上发布公告查找弃婴的生父母，经60日公告期满仍无人认领的，才被视为查找不到生父母的弃婴或弃儿。此外，省级民政部门还要依法对各项送养材料进行严格审核，对符合法定涉外送养条件的，将审批意见连同送养材料一起报送给中国收养中心。

依法审核外国收养人资格

对外国收养人资格的审核同样关系重大。

在收养国，专业社工会针对家庭背景、成长经历、婚姻状况、收养动机、经济状况、身体和心理状况、有无犯罪等情况对所有收养申请人进行综合评估，相关政府主管部门会以专业社工的调查报告为依据决定是否批准申请人进行收养。只有获得批准的收养申请人才能向中国收养中心提交收养申请文件。除此以外，在申请收养的不同阶段，收养申请人还必须接受累计不少于12小时的收养前培训。

在中国，中国收养中心负责对外国收养人提交的收养申请文件进行严格审核。

根据中国收养中心的要求，收养申请人必须在申请书中做出不遗弃、不虐待被收养儿童的承诺，和保证让被收养儿童与亲生子女享有同等权利的承诺，否则将无法通过审核。

收养后的儿童权益保护

收养是关系孩子一生的事，孩子进入收养家庭并不是收养工作的结束，而是真正的开始。作为送养国，中国一直高度关注被收养儿童在国外生活和成长的情况，并参考国际惯例采取了收养后跟踪的做法，要求收养国政府主管部门和收养组织在收养完成后一年之内提交两份安置后报告，以便了解掌握被收养儿童入籍、入学、就医、与家庭、社区融合等各方面的情况。

为了进一步强化对被收养儿童权益的保护，2011年初，中国收养中心发布了新规定，要求收养国政府主管部门及收养组织加强收养后跟踪服务，跟踪时间延长至五年，安置后报告提交次数增加到六次。

寻根回访

孩子们的家在世界，根却在中国。为了帮助被收养儿童体验出生国文化，理性认识被收养的经历，中国政府划拨专项资金，积极创造机会，邀请他们回来寻根。中国收养中心和爱之桥服务社不定期举办中国被收养儿童夏令营，组织来华寻根回访活动。通过这些活动，孩子们不仅领略了中国的名胜古迹，品尝了地道的中国美食，学习了中国的传统文化，还在参观中国收养中心、回访福利机构、了解中国涉外收养工作的过程中，激发了对自我的积极认同和对中国的美好感情。

中国政府的涉外收养体制赢得高度赞誉

中国政府的涉外收养体制完备、制度规范、程序透明，得到国际社会的一致认可。

收养国相关人士高度评价中国的涉外收养，认为其制度完善、堪称典范。

许多送养国和送养地区都将中国视为楷模。印尼、越南和香港都曾派遣代表团专程到中国来考察、取经，并主动索要相关资料和文件以做参考。

一切为了孩子

涉外收养是充满爱心、充满阳光的慈心善举。它不仅改变了被收养儿童的命运，还造福了那些仍然生活在福利机构的孩子。它是一条温情的红线，一头系着柔弱的中国孩子，一头系着充满爱心的外国父母。它还是一座神奇的桥梁，一头连着开放的中国，一头连着发达的西方。

被收养儿童的幸福生活

中国被收养儿童普遍生活在条件优越的家庭中，外国收养父母对他们视如己出，给他们精心的呵护和无微不至的照顾。孩子们有自己的房间，有专门的游戏场地，有各种各样的玩具和图书。有的孩子不适应西餐，收养母亲就单独为他们做中餐。有的收养母亲甚至辞去了待遇优厚的工作，专职在家照顾孩子。收养父母还把孩子们隆重介绍给亲朋邻里，使他们在浓浓爱意中，很快融入收养家庭与社区。在收养父母的培养下，一些孩子在学业、体育、文艺等方面取得了超乎常人的成绩，原来娇弱的小生命如今绽放出了夺目的光彩。

得益于收养国良好的医疗设施和条件，特需儿童在被收养后都得到了积极的治疗和康复。唇腭裂的孩子通过手术修复了外观缺陷，并通过训练恢复了语言功能；腿部有畸形的孩子接受了矫正手术，装上了假肢，经过康复训练能够自己行走，有的还能参加体育活动；失聪儿童装上了人工耳蜗，能像正常儿童一样读书学习。孩子们的健康状况和生活质量都得到了显著提升，为他们茁壮成长和走向社会打下了良好的基础。

外国收养父母努力让孩子接受中国传统文化的熏陶，和孩子们一起学习汉语，学唱中国歌曲，学跳中国民族舞蹈，穿唐装、吃饺子、过中国传统节日，用中国的物品装饰家居，带孩子们回中国旅游寻根。收养父母们用温情和理性在孩子们的心中播下爱的种子，教他们用乐观向上的态度看待自己、看待收养、看待出生国。

外国收养家庭还自发组成互助组织，传承中国文化，例如遍布各收养国的华童协会、西班牙中国收养协会等。他们创办中文学校，开展各种介绍和体验中国文化的活动，举办收养家庭聚会，组织中国被收养儿童夏令营、冬令营。通过这些活动，收养父母相互交流收养体验、育儿经验，被收养的中国孩子们也由此结下深厚的友情，成为人生道路上相亲相惜的伙伴，互相扶持，共同幸福成长。

留院儿童生活的改善

为了表达对福利机构的感激之情，同时也表达对难以被收养的留院儿童的慈爱之心，外国收养人来华办理收养登记时都会主动向福利机构捐款。对这些捐赠款的接收和使用都受到政府和社会的监督，手续合法，证明完备，管理严格，用途公开，全部用于改善福利机构在院儿童的养育条件。

一些外国收养家庭还自愿向福利机构捐助医疗器械、康复设备、生活设施，提高了福利机构儿童的生活质量。

外国收养组织通过涉外收养与中国的福利机构建立了广泛联系与合作，为福利机构引入了先进的工作理念、运作模式和管理方法，在儿童养育、特教、康复等方面也带来先进的经验，使生活在福利机构中不能回归家庭的残疾儿童得到更好的照料和关爱。

中外友好的小使者

在世界日益全球化的今天，中国的涉外收养促进了中西文化的交流，被收养的中国孩子成了民间的外交使者，为文化的交融搭建了友谊的桥梁，因为他们，世界成了亲情相连的大家庭。

因为收养了中国儿童，许多外国收养父母了解了真实的中国、爱上了中国文化，把中国当成了自己的第二故乡。在2007年江苏省高邮市发生特大龙卷风灾害时，从高邮市收养过孩子的美国和加拿大家庭联名写信给高邮市政府，表达对受灾情况的关注和对当地人民的慰问和祝福。中国5.12汶川地震后，不计其数的外国收养家庭在第一时间为受灾地区捐款。

被收养的孩子与中国和收养国都有着不解的渊源，这为他们提供了更大的发展空间。一些长大成人的孩子回到中国做义工或者参加工作，运用自己对两种文化的掌握和理解来认识和实现自身价值、为出生国做出贡献。

涉外收养是永久安置孤残儿童的一种有效方式，是儿童福利工作的一项重要内容。随着中国儿童福利事业的发展，早在2005年，民政部就将社会福利机构儿童养育和国内收养部分具体工作委托给中国收养中心承担。2011年1月，经中编办批准，中国收养中心更名为中国儿童福利和收养中心，增加儿童福利相关工作职能，这将有效地促进中国涉外收养工作健康、可持续的发展，促进更多的孤残儿童回归家庭、实现永久性安置，同时，这也是中国儿童福利事业发展史上的一件盛事，中国儿童福利和收养中心将进一步拓宽视野，深化合作，为推动中国儿童福利事业的发展发挥更加重要的作用。

在那广阔的蓝天下

“在那广阔的蓝天下，有两个美丽的国家。一个是中国，一个是美国，我的身世和这两个国家紧密相连。”我读着科迪雅两年前申请大学时写下的一篇文章，泪水模糊了我的视线。17岁的花样年华，17岁的敏感自尊，谈到自己被遗弃、被收养，孩子会说什么？没有伤心，没有痛恨，科迪雅就好像是一个已入不惑之年的成年人，诉说着生命的不确定和造化的弄人，诉说着这些经历给自己带来的努力奋斗的精神。

科迪雅很小的时候，被美国波士顿一所聋哑学校的教师陶瑞·李·西格纳一家收养。陶瑞是我们家的好朋友，教我们英文，帮我们买房子，过年过节还把我们请到家里，我们是看着科迪雅长大的，她和我们的女儿也走得很近。

陶瑞到中国收养孩子的时候，科迪雅病得很重，肝大，肝功能检查有好几个加号。福利院担心孩子无法通过美国领事馆的体检，建议陶瑞收养另外一个健康的孩子，但是她没有同意，坚持把孩子带回了美国。科迪雅小的时候特别喜欢听妈妈讲收养她的故事，喜欢那种与众不同的感觉，但懂事以后，这个故事的细节又让她感伤。当时福利院有那么多孩子，为什么别的孩子不能像她一样幸运？“如果妈妈当时决定不收养我，现在的我会是什么样子？我当时病得那么重，我会活下来吗？”

科迪雅是陶瑞大家庭的第一个孙辈，爷爷奶奶、叔叔姑姑还有其他亲戚加起来几百号人，都把关注的目光投向了这个从中国来的孩子身上。大家抢着带孩子，过年过节有收不完的礼物，每个周末都有聚会。我们每次见到科迪雅，都看到她穿着新衣服，打扮得像个洋娃娃。反倒是我们不停地对陶瑞说：“别惯坏了孩子！”

陶瑞的“产假”休完了，要我们帮忙找人到家里带孩子。一定要中国人！而且还要高学历，会说标准的普通话，能够教孩子说中文！终于，他们通过广告找到了简，中国人，高学历，会说标准普通话，每天教孩子说中文，月工资1300美元，陶瑞一边抱怨说贵，一边夸奖说值得。我常跟我爱人说，我们家想让孩子学好英文，老外家想让孩子学好中文，真是什么没有想什么呀！

更有意思的是，陶瑞好像唯恐科迪雅记不住自己是从中国来的，从小就反复强调她的中国背景。科迪雅聪明伶俐，从不会搞错谁是有华裔血统的人。她总是喜欢向别人介

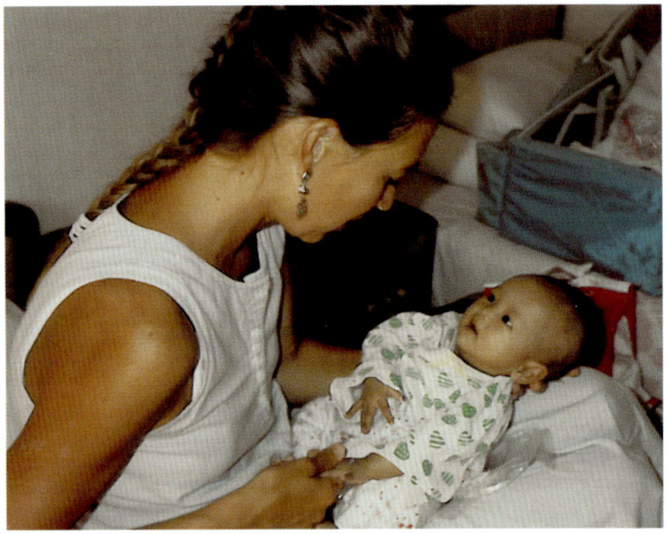

母女第一次见面

祖父在给科迪雅讲故事

绍自己，还要询问别人的来处。在她3岁大的时候，有一次在去纽约的火车上，她彬彬有礼地对一个中年男子说："我是从中国来的，请问你也是吗？"这位男士弯下腰，和蔼地说："我的父母是中国来的，但我出生在纽约。"科迪雅困惑不解地回头问妈妈："中国人也有从纽约来的吗？"陶瑞说，与孩子有关的一切都是她潜意识中自尊心、自信心的一部分，所以孩子从小就应该知道自己是被收养的，自己的根在中国。家长的责任是教育孩子接受自己的一切，并为此感到自豪。还有一层考虑，美国是一个多种族的国家，只有认识到自己的与众不同，才会尊重别人的与众不同，从而和睦相处。从发展个性来说，正视并热爱自己的与众不同，才能够在美国这个以个体发展为中心的社会里形成健康成熟的人格。

科迪雅要进幼儿园了！陶瑞绞尽脑汁，最后决定送她去一所多种族的幼儿园。科迪雅特别喜欢这个幼儿园，由于她学习能力超强，很快就显示出了领袖才能。老师不在的时候，她给其他孩子念故事书，组织孩子们做游戏。在5岁的时候，她得到了第一张领袖气质奖状。回到家里，她还向妈妈自豪地宣布她有了"男朋友"。妈妈说："这很好啊，现在我们来谈一谈你的男朋友，他长得什么样子？"科迪雅很自豪地说："他长得可英俊了，黑皮肤、卷头发！"陶瑞夸奖说："你真棒！"我当时听了直皱眉头，小不点儿一个，什么男朋友不男朋友！但现在回想起来，不得不佩服陶瑞培养孩子的方法：真正的领袖人物，的确是要能够真心热爱并尊重不同的人群。孩子眼里没有肤色，没有偏见，这是多么好的品质！至于男朋友，陶瑞有自己的见解。孩子谈到这个词，不仅是无害的，还能证明孩子的社交能力。如果一提到男女就往偏处想，多委屈孩子啊！

陶瑞家住在波士顿市，离她工作的学校很近。但是，波士顿的学区和周边市郊相比，确实差一些。她家离牛顿市很近，而且那里的公立学校排名很靠前，但是要进牛顿市的学校，家庭必须提供该市居民的证明。陶瑞为了孩子，在牛顿市租了一处小房子，得到了孩子上学的资格。十年寒暑，披星戴月，每天接送孩子上学，这是什么概念呢？波士顿这个地方，和吉林省的长春市处在同一纬度，冬天长达6个月，过了十一月，每个月都会下大雪，一场雪没化完，一场雪又纷纷扬扬地飘下来。我们家门口，常常能够积起一人多高的雪墙，车子从车库里倒出来，非得有人帮着照看两边才行。陶瑞的家在一个山坡上，开车下来，我都替她紧张，她特地买了一辆四轮驱动的车，就是为了安全。我总对陶瑞说："你太不容易了！"而陶瑞对我说，听着孩子们在车上哇哩哇啦地说这说那，是她最幸福的时候。

从小学5年级开始，科迪雅开始学习击剑，每星期在波士顿击剑俱乐部练习十个小时。13岁时，打进了美国少年奥林匹克运动会。为了支付昂贵的俱乐部练习费用，科迪雅每周六要教一班六岁的小孩子学习击剑。她告诉我，击剑已经成为她生活中不可缺少的一部分，让她着迷，她很快就成为了青少年队的领队。陶瑞认为得奖不是最重要的，通过锻炼，孩子得到的是自我约束、纪律、坚持、团

科迪雅和小伙伴们一起学做
中国面食（站立者为科迪雅）

队精神的锻炼和心智成长。

帮助别人是美国的标准家教和公共教育的重要部分，科迪雅从小就非常热心于帮助别人。有一次过生日，她告诉妈妈今年的生日礼物最好是现金，因为她要把礼金捐赠给中国的福利院。她曾两次把头发留到16英寸，从发根剪下，捐给假发公司为癌症化疗后的孩子制作免费假发。科迪雅对我说，每当看到这些生病的孩子，她就觉得自己特别幸运，活着并且身体健康，有温暖的家，有无数的机会和好运。

从5岁第一次得到领袖气质奖状开始，科迪雅每年都得到同样的奖状。她被邀请参加波士顿青少年领袖夏令营，并连续两年在就读的牛顿市高中高票当选亚裔学生会主席，组织并主持规模宏大的年度演出。2010年毕业演出得到的门票收入，牛顿市高中把其中的500美元以科迪雅的名义捐献给了中国的福利院。

2010年科迪雅18岁时，进入了美国著名学府杜克大学[①]学习。她和男友是在波士顿击剑俱乐部相识的，这个男孩子比科迪雅早一年进入杜克大学，现在他们都是杜克大学击剑队的成员。科迪雅在去大学报到前，非常严肃地和母亲交流了对爱情的看法，并征求了母亲对她交男朋友的意见。

我非常想知道科迪雅对生身父母、中国文化和中国的看法。我问她，想过有一天回国寻找亲生父母吗？科迪雅说，妈妈从小就教育她对事物要采取正面的、积极的看法，不要以个体感觉判断外部事物。可能是因为这样冷静的训练，她对自己的身世总会看到积极的、令人高兴的一面，不会总是抱怨。她说：“每个人都是匆匆忙忙就长大了，每天都有做不完的事，总是回头看、回头想也没有时间啊！生身父母有他们的生活和想法，当初不能亲自抚养我，肯定是没有那个能力。至于想不想见到他们？好像真的不想。至于中国，我梦寐以求的就是回中国看看！但是我长大了，不能再让母亲花钱供我，我要自己挣钱去中国旅行。我当然很想去我出生的那个城市，看看曾养育我的那所福利院。”听她这样说，我不由得心里感叹：科迪雅，好孩子，你心里没有一丝的自伤自怜，没有无端的怨天尤人，你真的长大了！

听着科迪雅侃侃而谈，我想到了她的那篇文章的开篇：在那广阔的蓝天下，有两个美丽的国家。这两个美丽的国家，生育抚养了很多很多像科迪雅一样的好孩子。这些孩子是

① 杜克大学（DukeUniversity）是一所位于美国北卡罗来纳州达勒姆的知名的研究型大学，曾连续5年在全美大学排行榜上名列第5。图书馆藏书量列全美第8名，素有“南方哈佛”之称。

我们的未来，他们被收养的人生经历是他们与众不同的财富，将为我们展开不同的视野，为我们的社会增添新的精神。

作者：陶瑞一家的朋友、美国“中国之爱”收养组织　张云宜

七口之家的幸福点滴

能够成为美国国际收养协会的主席和创办人，都要归功于我妻子瑞妮多年前一次勇敢的行动。

结婚三年后瑞妮放弃了工作，想为我们期待中的孩子准备好一个家。日子一天天过去，她却始终没有怀孕的迹象，我们四处求医，医生和检测结果都没能解释为什么瑞妮不能怀孕。虽然我很耐心地等待着上天的恩赐，但瑞妮为人母心切，压力越来越大，她开始研究通过收养来拥有孩子。我们开始从不同的收养机构搜集信息，但结果都不太理想。后来，终于通过一本小册子平生第一次接触到中国孩子，我们本着爱以及对中国人民和中国文化的仰慕，决定领养中国孩子。

经过几个月必备文件的收集和其他准备工作，我们终于踏上前往中国的旅程，要把我们的女儿费浩领回家。在一个星期日的晚上，我们安全抵达上海，一位姓赵的先生来机场迎接我们。在接下来的那段时间里，赵先生成为我们的知己，不仅处处安排周到，更使我们初次了解到中国极富魅力的文化传统。

抵达中国后的周二早晨，我们前往费浩生活的福利院。当第一次把她抱在怀里时，我们夫妻都感动得无以言表。我们将这个小小的幸福襁褓——这个上天恩赐的漂亮姑娘托在手上，整个收养过程中经受的挫折与沮丧瞬间就烟消云散了。我们当天就把费浩带回了宾馆，这个小姑娘开朗、阳光的个性使我们无比欣喜。

1994年8月，一个温暖的晚上，我们收养的8个月大的女儿费浩·瑞妮·路易斯下了飞机，第一次向美国问好。这一天是她小小生命中的一个转折点，这是一个充满未知的生命，也是一个拥有希望的生命，同时也是我们生命中的一个重大转折，我们的生活从此改变。

我在家里体验着初为人父的新奇，享受着抚育和关爱女儿的美好特权。晚上，当我把女儿轻轻放在她的小床上时，她轻轻拍拍我的后背（这也是我向她表达感情的一种方式），这种轻轻的触摸常常使我心潮汹涌，激动不已。费浩不久开始微笑着叫我“爸爸”，这让我欣喜万分，至今想起仍常常热泪盈眶。通过费浩以及后来我们拥有的另外四个孩子，上天向瑞妮和我展示了为人父母和收养所带来的令人不可思议的喜悦。

后来，我的生活有了更多的改变。在回到美国之后的几个月里，我和妻子都不再忍心前往福利院，一想到那里的孩子不能享受到来自家庭的爱、不能拥有来自父母心灵的触摸，我们的心里就沉重得透不过气来。我决定把这种感受告诉尽可能多的家庭，告诉他们中国的收养程序是多么完备和人性化。最初我不定期地召集讲座，向很多夫妇介绍中国的收养程序，随着影响逐渐扩大，最终我们成立了美国国际收养协会，真真切切地去帮助那些需要家庭和父母的孩子们。

费浩

时间过得多快呀，费浩如今已经17岁，下个学期就将离家去上大学了！瑞妮和我珍惜拥有她的每一天。她在学校表现优秀，在同龄人当中有着领导者的潜质，当她步入成年并即将进入大学时，我们对她充满了信心，坚信她今后会成为一名了不起的女性。

在收养费浩两年后，我们夫妇决定收养第二个孩子。完成所有必备的文件和程序后，我们充满喜悦地见到了可爱、性格温和、擅于思考的女儿官恩，这同样是我们生命中印象深刻的一天。官恩现在15岁，已出落成了一个亭亭玉立的大姑娘，她不仅是弟弟、妹妹们的好姐姐，还是一个具有视觉艺术天赋和独立学习能力的“科技怪才”。她目前就读的中学有一些大学课程供学生们选修，这样的安排也许更适合官恩的发展。

官恩

官恩来到我们家后不久，瑞妮怀上了我们的第三个孩子，我们给她起名叫苏菲，她的到来真是令人喜出望外。我们把得知瑞妮怀孕消息的这一天视为苏菲的“收养日”。苏菲尊重她的姐姐们，以她们为榜样，小的时候甚至以为自己也是正宗的中国人。她现在已经14岁了，有着表演天赋，喜欢敲架子鼓和阅读，和姐姐们一样热爱中国和中国文化。

我们既有自己亲生的孩子，也有收养的孩子，我们夫妻二人在回顾自己经历的时候，发现很多夫妇都有同样的问题：该如何告诉孩子他们是被收养的？我常常回答说：“我们在孩子年幼时便让他们了解“收养”这个词，并且积极主动地回答他们有关收养的任何问题。”我们发现收养文化中有很多部分非常重要，包括该如何给孩子讲述他们的收养故事，如何跟别人谈论这个问题，如何营造一个融合不同特点和不同文化的家庭，如何向孩子以及询问有关收养问题的人传达积极的收养信息等等，在解答和亲历上述问题的过程中，我们也在不断地走向成熟。

我们有了三个美丽的女儿，不过瑞妮和我依然还能再为一个孩子分出一份爱，我们家的空间也足够让我们再添一个孩子。我们开始浏览“特需儿童等待名单”，希望再领养一个女孩儿。但是有一天，当瑞妮浏览到一个男孩子的照片时，她一下子就被照片上的那双

爸爸妈妈抱着贵浩、官恩和苏菲

眼睛吸引住了。于是这个有唇腭裂[①]问题的孩子，在他10个月大的时候加入了我们这个家庭，从此给我们带来了无尽的活跃气氛，他的名字叫亚伯。亚伯是个了不起的足球队精英球员，小的时候，不需要帮助便先于同龄人学会了骑自行车，让所有人都惊讶不已。去年夏天，亚伯去英国参加了一个足球俱乐部夏令营，这是一次了不起的经历。我们打算明年夏天安排他和足球队的其他队员再次前往英国，让他成为一名真正的足球高手！亚伯现在10岁，上小学5年级，经常被评为优秀学生。我们为他感到骄傲，也感谢命运为我们带来一个如此活泼可爱的儿子！

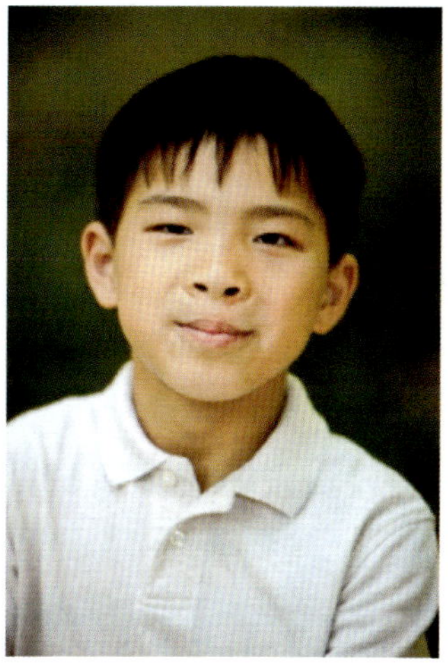
亚伯

我们的第5个孩子塞西尔是一个美丽活泼的“辣妹子”，她走进任何人的房间，都会让整个房间大放光彩。每当我们全家集体外出，在公共场所，总有人指着塞西尔对我们说，这个小姑娘实在是太可爱了，大方、热情、聪颖，每到这时，我们全家都感到特别自豪！她现在6岁，与其他同龄女孩子一样，她喜欢打扮，喜欢玩具。她现在是一年级学生，和哥哥一样，也是名足球队员。

我们家附近住着不少亲戚，孩子们的奶奶就住在隔壁，奶奶是孩子们生活中的重要人物，到了夏天，在奶奶家的游泳池里嬉戏，是孩子们必不可少的娱乐项目。此外，我们夫妇的兄弟姐妹都住得不远，定期的家庭聚会为孩子们在一个融洽的大环境中健康地成长提供了绝好的条件。整个大家庭都极为欣赏我们家里美籍华裔文化的完美融合。

塞西尔

由于我们家地处大华盛顿地区[②]，所以与收养相关的中国团组来华盛顿拜访美国国务院或国会时，我们家常常有机会荣幸地尽地

① 唇腭裂是一种常见的先天性畸形，外观表现为上唇裂开，常与腭裂伴发，根据开裂程度分为I、II、III度。唇腭裂不仅影响面部美观，而且会影响患儿的哺乳、进食，从而导致患儿营养不良；还因口、鼻腔相通，会导致上呼吸道感染，并发中耳炎；还会造成患儿在生长发育期间说话吐字不清，影响到语言的发育。唇腭裂可以通过手术矫形。

② 大华盛顿地区：包括美国首都华盛顿（哥伦比亚特区）、弗吉尼亚北部和马里兰州的一部分地区。

主之谊。每逢这时，孩子们都为能见到从“娘家”来的客人而兴奋不已，他们都像小主人一样跟着妈妈忙里忙外地打扫卫生、摆放桌椅、铺桌布、摆餐具。这些年来，我们家不仅接待过收养中心的各级领导和工作人员，还曾接待过两任民政部部长。这不仅仅是我们的荣幸，更说明中国政府对跨国收养的重视，使得我们这些从事跨国收养工作的人们甚感欣慰。

我们曾带每个孩子数次回到他们的祖国——中国，我们坚信，了解中国传统和中国丰富的历史文化并将其融入我们的家庭是极为重要的。除了庆祝每个孩子的生日，我们还庆祝每个孩子的“收养日”。通过这种方式，我们有意让孩子们知道他们每一个人对我们家庭来说都是那么重要，我们是如此珍视收养，一种能扩大我们家庭的方式。

除了带孩子们回中国外，我们还经常全家一起去海边度假，在孩子们还没有离开家上学之前，我们尽量享受全家在一起的美好时光。随着孩子们年龄的增长，我们的度假改为更有意义的方式。比如，前往萨尔瓦多的孤儿院做义工。今年夏天，我们全家第一次一起去欧洲旅行，孩子们在意大利、克罗地亚、瑞士和德国接触到了不同地域的文化，开阔了视野，也丰富了他们的学习和生活。

路易斯家的五个孩子

当我们回顾十几年来走过的历程，从我们第一次收养到成立美国国际收养协会，一路走来，我们庆幸能有机会和中国那么多专业和富有爱心的人们一道共事。在开展中国收养项目6年后，我们机构又开始为其他国家失去父母的孩子们寻找家庭。在和不同国家的儿童福利机构合作后，我敢负责任地说：中国在儿童福利事业上是先锋与表率，中国为孤残儿童寻找永久家庭的承诺是最真诚可信的！

在中国儿童福利和收养中心勤勤恳恳地为孩子们工作了15年这样一个值得纪念的日子里，我很骄傲地告诉大家，我们机构也已经为来自7个国家的3000多名儿童找到了永久的家庭。此外，我们还以各种形式为中国的福利院捐助了物品，从1998年开始，每年都组织数个志愿者小组去不同的福利院做义工。到目前为止，我们的义工团组已经去过中国大部分的省份，与其中的一些福利院结下了深厚的情谊，每年夏天那里的孩子和老师们都盼望着我们义工小组的到来。

我要代表我的机构和我的家人向中国儿童福利和收养中心表示感谢，向你们为孤残儿童所做的卓有成效的工作致敬！能够与你们合作共事，实为我一生的殊荣。自从我1994年第一次来到中国，以后的每一天，我都对中国给予我们的美好礼物充满感激。瑞妮和我无法想象如果没有我们的中国儿女们，生活会是什么样子！衷心感谢你们！

作者：美国国际收养协会　布莱恩·路易斯（收养父亲）

缘系收养

每个人的一生中都会遇到许多感人的故事，美国浩德儿童收养服务中心中国部主管——陈跃建更是如此。在从事儿童跨国收养工作十几年间，她经历了太多感人的故事，见证了太多动人的瞬间。在这些被收养儿童背后的千万个故事里，有一个是她最津津乐道、最难以忘怀的。

丽 锦

那是1995年的夏天，陈跃建又一次出差回到中国。她要到各地方福利院探望孩子们，同时与福利院的领导商讨进行项目合作，希望通过合作分担福利院的困难，让孩子得到更好的照顾，享受家庭的温暖。

那个年代，人们生活水平不高，福利院的条件也很有限，里边住满了大大小小的弃、孤儿童。福利院的保育员们把主要的精力都放在照顾那些幼小的孩子身上，因为他们生活无法自理。来收养的外国家庭也大多喜欢关注那些相对幼小的儿童，很少会去留意大龄孤儿。大龄孤儿在福利院里虽然为数不多，却是一个特殊的群体，他们或多或少都有些病残，得到的照顾和能享受到的资源也非常有限。

这天，陈跃建来到了福利院，这家福利院是他们的长期合作伙伴。因为经常接触，她对它的情况非常了解，也很感激福利院为孩子们所做的一切。在跟福利院院长谈完事情之后，陈跃建特地问道；“除了合作项目之外，我还有什么事情能帮上忙吗？”院长想了想，恳切地说：“在我们福利院有一个叫丽锦的大孩子，她实在是太可怜了，如果可以的话，就请你帮丽锦找一个家吧！”

为孤残儿童找家庭是陈跃建的责任，也是她的使命，她毫不犹豫地答应了。于是陈跃建第一次见到了这个名叫“丽锦”的小姑娘。那一年，丽锦已经8岁了，长得非常可爱，但个头却很小，她总是低着头，见到陌生人更不敢抬头、不敢说话。听院长说，丽锦5岁的时候本来已经有了收养家庭，可是那个家庭发现她有乙肝[①]后放弃了收养。她目送着身边的好朋友一个接一个被收养，最后只剩下她一个人，非常可怜。因为身患乙肝，没有孩子愿意和她玩。看着丽锦那双忧郁的眼睛，大家都十分心痛，这也给陈跃建留下了深刻的印象。

陈跃建走到丽锦面前，摸着她的小脑袋，亲切地问道："丽锦，阿姨是从美国来的，想帮助你。你可以告诉阿姨你最想要的东西是什么吗？"丽锦害羞地低着头，咬着嘴唇，想了许久。陈跃建以为小孩子一般都会说喜欢花裙子，喜欢布娃娃，或者想去天安门玩之类的。谁知道丽锦慢慢抬起了红扑扑的小脸，轻声说道："我什么都不要，只想要爸爸、妈妈，想要一个家……"大家的眼眶顿时湿润了。她才8岁啊，到底是怎样的经历和心酸能让这样一个弱小的孩子说出这样的话。她那微弱的声音深深地刺到了陈跃建和在场每一个人的内心最深处。"一个家！对！我们必须要给丽锦找到一个家！"

陈跃建还听说，福利院曾经开展过一个叫"周日妈妈"的活动，鼓励当地居民在周日的时候开放自己的家，把福利院的孩子接回去，让他们体会家庭的温暖。由于丽锦长相可爱，项目开始没多久就被一个家庭选上了，丽锦非常开心。在这个家庭里，妈妈是做记者的，爸爸是个教授，还有一个正在上高中的儿子。可惜不知何故，她只给丽锦做了一次"周日妈妈"，就再也没有来过。可在小丽锦的心里，这是她唯一知道的一个"家"。她逢人便自豪地说："我妈妈是记者，爸爸是教授，哥哥在上高中。"而且每逢周日早晨，她早早地就洗漱穿戴完毕，安安静静坐在福利院的门口等着"爸爸"和"妈妈"的出现，等着他们来接她回家，为此甚至放弃了她最喜欢的郊游和周末外出活动。开始，大家以为这孩子比较犟，一段时间后她就会没耐心了。谁知道小丽锦居然如此一连等了好几个月。看着她那期盼的眼神，院长非常心疼，她拉着丽锦的小手说："让陈阿姨在美国给你找一个家吧。"

陈跃建马上和美国的社会工作者[②]联系，让他们尽快帮丽锦找家庭。此外她每次到中国出差时，都会抽空买点礼物去看望丽锦。在接待美国收养家庭时，陈跃建还经常带

---

① 乙型病毒性肝炎是由乙型肝炎病毒（HBV）引起的、以肝脏炎性病变为主并可引起多器官损害的一种传染性疾病。全世界无症状乙肝病毒携带者(HBsAg)超过2.8亿，我国约占1.3亿。

② 是美国社会中帮助解决社会问题和民间民事需求的专业工作者。一般都具有学士或硕士学位。美国社会工作者队伍十分庞大，在美国大多数州，没有硕士社工资质人员参与的机构，是不能从事收养这个行业的。按美国政府要求，收养家庭需请社工为其提供家庭调查报告，没有社工的报告，收养是无法进行的。

丽锦和陈跃建阿姨的合影

跃建、丽锦及其家人

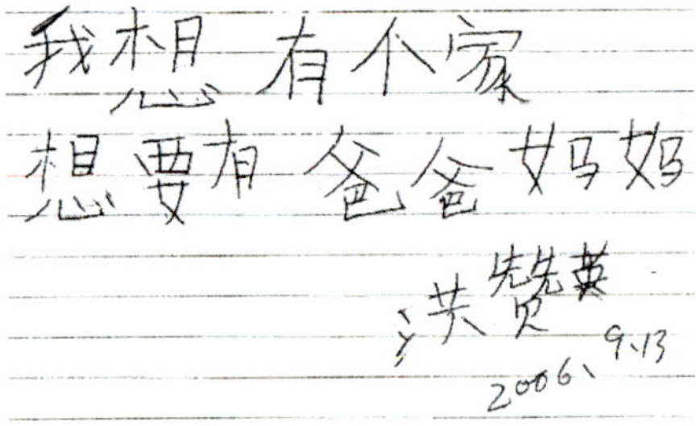

赞英当年在福利院中写下的心愿

上丽锦，目的就是为了让更多的家庭看到小丽锦，了解到她的故事，给她创造更多被收养的机会。

很快大家的努力就有了回报。陈跃建在美国曾接待过的一个收养家庭知道了丽锦的故事，被深深地感动了。他们一回到美国就开始着手帮丽锦寻找收养家庭。他们知道自己姐姐家有三个儿子，正缺一个女儿，就把丽锦推荐给了姐姐。姐姐听到丽锦的故事后，也被这个小女孩对家庭的渴望和执著所感动。他们觉得自己有义务去帮助这个可怜的孩子，觉得丽锦正是上天赐予他们的礼物。他们非常坚决地告诉妹妹：“我们要收养丽锦，要给丽锦一个家！”经历了千辛万苦的努力，两年后的秋天，丽锦终于来到了美国，走进了她梦寐以求的“家”，找到了日思夜想的爸爸妈妈。

丽锦来到美国之后，一直和陈跃建保持着联系。收养改变了她的命运，她非常想以后有机会能回到福利院，帮助那些跟她当年一样需要帮助的孩子。于是在高中毕业前，她向陈跃建咨询：“学什么专业最能够帮助福利院的孩子？”，“社工或者护士。”陈跃建答道。同时作为对丽锦的鼓励，陈跃建还送了一张往返机票让她回到中国，回到原来的福利院，帮助她亲自考察体验，丽锦感动不已。这一趟中国之行收获颇丰，福利院孩子们的生活再次唤醒了她内心深处的记忆，她知道这里的每一个孩子和她当年一样，都渴望有一个家。丽锦更加清楚自己未来的使命和责任，坚定了大学读社会工作专业的想法。就在大学毕业的前一年，丽锦作为志愿者参加了收养机构每年组织的收养家庭回国寻根团[①]，目的是帮助被收养的孩子了解自己的过去和祖国文化，增强责任感和自信心。

赞英和姐姐智鑫

从事跨国收养十多年来，陈跃建养成了经常走访福利院的习

① 寻根团是指在国外长大的被收养儿童定期组团回到祖国、回到故乡，了解祖国文化和体验家乡生活。

惯。这天她又一次同捐助人来到了福利院的重残儿童区，想与福利院合作修建一个儿童活动室。

在这个重残儿童区里，孩子不是患有脑瘫，就是智力发育迟缓，有的孩子还有狂躁症和精神方面的问题。就在这里，她发现了一双不一样的眼睛，一双会说话的眼睛。这个孩子坐在那里，眼睛非常认真地注视着她的一举一动，目光跟随着她在重残区里来来回回地移动，每次和她的目光相遇时，这双眼睛的小主人总能投来一个最纯真的笑容。这使跃建非常诧异，直觉告诉她，在这群有严重智力问题的孩子里，这个孩子不一样，她马上向福利院的工作人员了解情况，才知道这个孩子名叫赞英。赞英病得很厉害，先天没有左肾和其他一些器官。由于先天的身体缺陷，赞英身上总有异味，她总是被欺负，没有朋友，大家都不愿跟她玩，福利院只好把她同有智力问题的孩子放在一起看护。

陈跃建看出赞英的与众不同，担心她长期与智力发育迟缓的孩子们在一起会受到影响，建议福利院把赞英从重残区转移出来，并为她积极寻求手术治疗。不久就为赞英筹得了第一笔款项，在当地医院进行了手术，但由于手术的技术性问题，赞英的病情并没有得到很好的控制。她深深明白赞英的病情太重而且年龄较大，就算能治好赞英的病，她被收养的机会也是微乎其微。但陈跃建还是不想放弃，她把和赞英的合影放在了办公桌的电脑前，时时提醒自己要给这个孩子找一个家。

随着福利院爱心家庭项目的开展，赞英进入了模拟家庭，得到了寄养父母的照顾。尽管如此，福利院仍不放弃，继续为赞英寻找医疗资源。她12岁那年，在“明天计划”[①]的帮助下，她在北京接受了免费的手术治疗。与此同时，大家共同努力继续给赞英寻找收养家庭。

2008年的暑假，正在读大学的丽锦作为志愿者和陈跃建一起来到了广州白天鹅大酒店，这是他们参加寻根回访团的最后一站。说来也是有缘分，在茫茫人群中，陈跃建远远地看见，一对美国夫妇手里牵着的小女孩有着一双似曾相识的眼睛，那双懂得说话的眼睛。走近一看，是的，那果真是赞英！7年了，赞英终于找到了自己的家！

---

① 明天计划：全称为“残疾孤儿手术康复明天计划”，是由民政部开展的、面向全国社会福利机构中0至18周岁具有手术适应症的残疾孤儿实施手术康复的儿童福利项目，民政部“明天计划”领导小组办公室设在中国儿童福利和收养中心。

赞英的父母看到跃建也上前来打招呼，因为他们在赞英的材料里见过跃建到医院探望赞英的合影。跃建也觉得赞英的父母非常面熟，当赞英的养母用手语和身边的另一个亚裔聋哑姑娘交流时，跃建忽然想起来了，这就是十多年前，她到收养机构工作后接待的第一个收养家庭——来自美国西雅图的兰姆夫妇，这是一个多么美好的巧合！陈跃建抑制不住激动，留下了眼泪。平日见惯了陈阿姨巾帼不让须眉的样子，丽锦十分好奇，问起了赞英和兰姆家庭的故事。

兰姆夫妇在20世纪90年代第一次收养孩子的时候，原本是要收养一个来自中国的健康儿童。但由于中国孩子的中文名用拼音翻译后是不好区分的，原本应当安排给兰姆夫妇的是一个叫“志星”的健康婴儿，因为工作人员的疏忽，给他们安排了另一名叫“智鑫”的4岁聋哑孩子。兰姆夫妇知道后，觉得这也许是上天的旨意，让他们去帮助一个特别需要帮助的孩子，就平静地接受了事实。自从收养了智鑫，为了能和孩子更好地沟通，兰姆女士辞去了她的护士工作，回到学校从头开始学习手语。女儿长大了，妈妈也成了手语专家，她在大学里开课教授手语专业知识，帮助更多的人了解聋哑人群体。

智鑫、赞英和她们的妈妈

智鑫在兰姆夫妇用心的培养和照顾下，成了品学兼优、擅长体育和户外活动、富有爱心的大姑娘。在高中毕业离家上大学前，她很担心父母会感到空巢寂寞，当她了解到赞英的情况时，自己的经历告诉她，像赞英这样残疾的孩子非常需要一个家，需要一对像兰姆夫妇那样有爱心、有能力的爸爸妈妈的照顾，就极力向她父母进行了推荐，希望他们能收养赞英。兰姆先生是一名非常有爱心的军医，当他和妻子听到女儿的推荐并了解赞英的情况之后，也决定利用自己的专长和经验来给这个收养机会渺茫的女孩一个完整的家。就这样，兰姆夫妇带上了智鑫、两个儿子和一个儿媳，一同来到中国，机缘巧合他们在这里又遇到了跃建和丽锦。三个在不同时间被收养的女孩、三颗对家有同样渴望的心紧紧地靠在了一起。

亲情、友情和爱情

自从在宾馆相遇后，丽锦意识到自己要好好帮助赞英适应美国生活。她从赞英身上看到了十多年前的自己，一样的无助，一样的渴望家庭温暖，同是来自一个福利院的大孩子，自己又有社工专业知识，可以帮助赞英尽快适应美国的生活，帮助她和收养家庭更好地融合。

根据自身经验，丽锦很理解赞英的心情，不停地引导和鼓励她。与此同时，丽锦也帮助兰姆家庭，在日常生活中了解赞英原来的文化背景、生活习惯和思维模式，为赞英和兰姆家庭的互动提出有用的建议。兰姆家庭非常感谢丽锦的帮忙，赞英刚到美国时不会说英语，也不会上网，很多辅导都要通过丽锦和二哥乔希帮忙。邮件通常转到与丽锦年龄相仿的乔希手上，两人因关心赞英的缘故开始互相通信交流，频繁的接触也让丽锦和乔希相互了解，有了默契。

在丽锦的帮助下，赞英很快就适应了美国的生活，除了喜欢两个哥哥和智鑫姐姐之外，赞英也越来越喜欢这个“丽锦姐姐”了。赞英是个机灵鬼，看着哥哥乔希和丽锦姐姐的频繁交流互动，发现了他们两人的感情。在暑假参加野炊活动的时候，赞英偷偷地跑到了跃建面前说：“陈阿姨我告诉你一个秘密，我哥哥一定是喜欢丽锦姐姐了，丽锦姐姐也是喜欢我哥哥的。”跃建看着小赞英认真的表情忍俊不禁，想着年轻人的感情来得快去得也快，或许两个人会随着小赞英越来越习惯美国生活，交流减少，感情也会转淡，因此，跃建也没有太上心。一年之后，跃建收到了大学毕业后丽锦寄来的一封请柬：天哪，这是丽锦和乔希的婚礼请柬！

在婚礼上，丽锦和乔希两人分享了他们的爱情故事，正是二人对赞英共同的爱让他们互相了解，互相信任，最后走到了一起。

在丽锦的婚礼来宾中，有9个从中国收养的孩子，这包括丽锦儿时的好朋友“希望”、丽锦的表妹、丽锦的先生乔希的三个收养妹妹以及另外两个被收养的女孩（这两个家庭自在中国见过丽锦之后就一直和丽锦保持着联系）。这些姑娘都是来自中国的孩子，她们最终都在美国找到了自己的家。

的确，每个人一生中都会遇到许多感人的故事。每一个收养家庭和收养儿童的故事背后都充满了深深的爱和无私的帮助。国际收养的纽带不仅连接了丽锦、赞英、智鑫和“希望”，也连接了千万家庭，改变了千万儿童一生的命运！

作者：美国浩德国际儿童服务　陈跃建

从西班牙到中国的收养之路

我是安吉尔斯·格劳，一个住在巴塞罗那的西班牙人。我是一个单亲母亲，但是在我的家里一共有四口人，她们分别是我的亲生女儿玛丽奥娜和两个来自中国的收养女儿拉拉和卢娜。

我拥有一个快乐的童年，和所有孩子的父母一样，我的父母教会了我为人坚强和怎样去尊重别人。另外他们也让我明白了一件很重要的事情，就是对一个人来说，家庭是最重要的。

一直以来，我都梦想着拥有一份稳定、牢固的婚姻生活，养育几个孩子，但是梦想终归是梦想，不是每个梦想都能如愿实现。当我怀上女儿玛丽奥娜的时候，我深爱的那个男人说他并不想要孩子，为此我们分开了。孩子对我来说是最重要的，所以尽管独自一人，我也要把这个孩子抚养长大。

事实上，当时的我并不孤单，我身边还有父母和兄弟姐妹，他们对我来说比那个本应该叫做“丈夫”的人更重要。幸运的是，我出生的家庭经济条件比较优越，这也让我能够经营自己的一些生意，保证满足我和孩子的生活需求。

自从女儿玛丽奥娜出生那一刻起，我就意识到一件事情：每个人生来就是要注定做某件事情，而我的使命就是做一个母亲，同时，我也想再有几个孩子，因为我觉得自己有能力抚养、照顾并且好好地教育他们，让他们都能拥有各自美好的未来。

因此，我产生了收养的想法。为什么呢？身边的很多朋友都常常问起这个问题，我完全可以找到另一个对象组建一个全新的家庭，再生育自己的孩子，当我把想收养的决定告诉家人的时候，他们的态度都是支持的，他们支持我的一个重要原因就是我的父母在20世纪70年代就很想从越南收养一个孩子，但是那时并没有合适的选择。而我的想法是很明确的，我自己想收养一个孩子，与此同时又有孩子需要得到一个家庭，所以为什么我们不能结合在一起呢！

命运让我的三个女儿进入了这个家庭，命运把我们联系在了一起，这些都是上天从一开始就注定的，不是偶然，她们从出生的那一刻就等待着我，而我的存在也完全是为了她们。我不能想象没有她们的生活，而且只能是她们。

安吉尔斯家三个美丽的女儿

收养拉拉的整个过程持续了10年，因为这不仅仅是我的决定，也是我的大女儿玛丽奥娜的决定，那个将进入家庭的孩子也是她的妹妹呀，她也有权利决定这件事情。我记得那是在孩子8岁的时候，我告诉她将会有一个妹妹的时候，她很高兴地同意了这个想法，但是当我告诉她这个妹妹不是从妈妈肚子里生出来的时候，孩子奇怪地看着我，并告诉我，她需要考虑一下，那个时候，我感到十分痛苦。因为那是第一次，我觉得自己离收养这个梦想的距离原来还这么遥远。好在女儿并没有让我这种伤心的情绪持续很久，当天下午我从学校把她接回家，她把自己的房门关上，不一会儿，带着她的米奇旅行箱走了出来，告诉我："我们走吧，我愿意去中国接我的小妹妹。"自此，我开始了自己的收养之路。

从一开始我就选择了中国作为申请目的国，当时我对这个国家并不了解，也从没踏上过这片土地，只是通过一些书籍和平时接触到的信息了解到大概情况，我对这个既陌生又遥远的国家充满了崇敬之情。

当时的我并不知道该如何办理收养手续，只记得有很多文件要准备，很多表格要填，还要接受社会工作者的反复评估和谈话，玛丽奥娜那时还常常问我："你通过妈妈考试了吗？"

孩子不能理解，一个在她看来是全世界最好的妈妈，却需要得到别人的认可才能再一次成为母亲。幸运的是，最终西班牙政府认为我有资格办理这样的手续，给我颁发了《收养批准书》。之后，收养组织把我所有收养申请文件寄给了一个对我来说更重要的地方：中国收养中心（注：现更名为中国儿童福利和收养中心）。

至今我依然记得每一份文件、每一张纸都承载着我的希望和我的担忧，文件带着我的心一起寄到了中国。我自己恨不得能亲自去那里，让他们看到我、了解我，让他们知道我有能力有资格再次成为一个母亲！

我担心，他们会不会对我写的东西不满意？会不会觉得我不适合再做母亲？会不会……太多的疑问和不安，让我现在都觉得那段等待的过程实在是难熬。这件事情发生在1999年，也就是在那个时候我意识到，那些和我一样办理收养手续的家庭是很孤单的，没有人告诉我们要怎样做，没有人理解像我们这样等待的焦虑，所以慢慢地，我也会向那些询问相关信息的朋友们介绍自己的经验，还把电话号码留给更多的人，希望能在他们需要的时候帮助他们。

2000年是我开始等待拉拉的时间，那个过程好像永远也没有尽头，我记得当时在中国已经确定登记日期的家庭每天都在期待着、盼望着，真希望某天或者某一刻中国收养中心能一下子给所有的家庭安排孩子。

谈到那时等待的感受，我很难用语言去形容，但也正是在这个过程中我再次确认了自己的选择。作为一个送养国，中国政府相关部门清晰、严肃及合法的收养办理过程，对一个即将收养该国儿童的母亲来说是极为重要的，因为在这个国家收养能让我确认自己将来的女儿是实实在在被遗弃的，不会对孩子的来历产生疑问。在中国进行收养让我很安心，我能确信一点，就是在我因得到孩子而感到无比幸福的时候，孩子的亲生母亲不会因为自己的孩子被人偷走而伤心流泪，当初她可能是有无法克服的困难才不得已放弃自己的孩子。我不知道其他的家长和收养父母是怎么看待这个问题的，但是对我而言这是尤其重要的一个方面，我们不能让别人因为我们的快乐而痛苦。

那段时间，我还逐渐学会了使用电脑，不仅仅是为了工作，每天都会有家庭向我求助，希望从我这里获得一些在中国进行收养的意见或者建议，同时也包括一些去其他国家收养的家庭，包括俄罗斯、乌克兰、南美等等地方。

在这个当时看来遥遥无期的等待过程中，确切地讲是11个月，我总希望中国收养中心能审核安排得更快一些，因为我不想再等待更长的时间了。当时的这种想法是很自私的，因为我只想到了自己，我知道有很多家庭都在排队，中国收养中心需要认真审核一份份申请文件，以确保为每一个孩子找到最好的家庭。现在这一切我都能理解了，所有这些过程都需要时间，就像一位母亲孕育一个小生命要历经10个月，同样收养的过程也是一个自然历程，其中饱含着母亲的期待！

最终那一天来到了，我记得很清楚，当时我正在开一个很重要的会议，收养组织通过电话联系到我并告诉我给我选配了一名女孩，我记得自己当即就站在会议室中央，激动地叫道："我终于能再成为一个妈妈了！我又当妈妈了！"大家都看着我，特别是都盯着我的肚子看，但是我已经无法言语。我喜极而泣，时间在那一秒也随即停止。

对我而言，男孩女孩并不重要，孩子六个月大或者六岁也没有关系，唯一的是他（她）是一个健康的孩子，而后会像我爱他（她）那样爱我，尽管我还不知道他（她）长什么样子，不知道他（她）的性别，甚至年龄，但是他（她）已经存在于我的心里，已经进入了我和玛丽奥娜的心里。

我做的第一件事情就是和女儿玛丽奥娜分享这个好消息，她一定得是除我之外第一个知道这件事的人，我当即去了孩子的学校并告诉了她这件事，叫喊着告诉她："你终于有了个妹妹！"记得她的同学当时就围着我们鼓掌，向她表示祝贺，而我们母女早已拥抱在一起，喜极而泣。

最后，我收到中国收养中心发来的书面文件和资料，玛丽奥娜的这个妹妹11个月大，照片里，她的小脸就像一轮满月，完全占据了我的心，也得到了周围那些开始时并不赞同我进行收养的人的心。

接到拉拉的那一天，我依然记得很清楚，因为那是在得到玛丽奥娜以后我生命中最快乐的日子。当怀抱着孩子，看到她的第一次微笑时，我不能想象自己的生命里没有她会是什么样子，好像从一开始她就是这个家庭的一份子。在中国的收养登记处，有我的父母、玛丽奥娜、拉拉和我，除了我们还有其他的家庭，但我不记得其他家庭是什么样的反应了，只记得我们把拉拉围在了她的新家庭里。

无论是亲生孩子还是收养子女，在抚养他们的过程中不可能都一帆风顺，总会有这样或者那样的事情让我们不满或者不如我们期待的那样。对收养计划抱有巨大期待的家庭有时会忽略一点，就是被收养的孩子在进入家庭之前已经有了一段自己的生活经历，他们

安吉尔斯和拉拉、卢娜

会有不同的文化背景、生活习惯，他们也许不会在需要帮助的时候第一时间奔向我们的怀抱——尽管我是幸运的，我的女儿们总会笑着奔向我，而我们所能做的、所需要做的就是耐心和理解，自始至终，始终如一。

现在我们家里最小的孩子是卢娜，她的脸上总是带着笑容，每天都唱歌、跳舞，她得到了两个姐姐的喜爱。这次申请收养等待的过程很平静，因为家里已经有两个孩子的事实让我的整个等待过程更充实，但是我心里的期待与前一次收养无异。

当第一次见到孩子的时候，她没有哭，只是笑，那时她仅仅7个月大，身材瘦小，头发也不多。当时我就想，你现在并不那么漂亮，但是用不了多久你就会变成我的小公主。

卢娜给我们的家庭带来了更多的欢乐，她总爱唱、爱跳。玛丽奥娜当时已经独立生活了，每次回到家看望我们的时候她都会和妹妹们一起玩，也时常与我聊天，帮我用现实、客观的态度分析生活里遇到的各种问题，我们更像是好朋友。

到此，我讲述了自己与三个女儿的故事，也是在收养两个女儿的过程中，我体会到了其他收养家庭的心情。在我把自己的联系方式留给其他收养家庭后，慢慢的，越来越多的人与我取得了联系，从那时起我的家经常会有很多预收养家庭进进出出，我的孩子们从小就与那些家庭在一起，在我的家里，那些期待完成收养手续的夫妇会因为等待匹配过程中的焦急或者不安而哭泣，也会因为某个消息而激动得热泪盈眶，而当他们带着收养的孩子回到西班牙后，也愿意到我家里，让我看到他们辛苦等待的幸福结果。

安吉尔斯与卢娜

为什么我会做这样的事情，现在想想应该是出于感激和其他那些预收养家庭的无助吧！

“感激”中国政府让我成为两个中国女孩的母亲，拉拉现在11岁，卢娜现在7岁，和大女儿玛丽奥娜一样，她们成为我生命中最宝贵的东西，照顾、教育她们的过程是愉快并偶尔令人头疼的事情，但这是我生活的全部意义之所在。

“无助”是指在收养家庭中，当他们开始办理申请手续、等待匹配甚至是刚开始与孩子一起生活的阶段里对孩子的过去、对他们出生的地方和相关的情况并不了解。

同时我也想提醒一些家庭，许多他们收养的孩子在福利院中的小伙伴仍然等待着有人能去收养他们，其中一些孩子或许会因为健康方面的问题很难找到收养家庭。

我希望提醒收养父母——爱，是他们一生的承诺！爱，是帮助那些需要帮助的孩子而且不求回报！

西班牙“中国收养志愿协会”成立于1999年，这不是一个官方组织，也不是一个正式的协会，仅仅是一些已经成为朋友的收养家庭帮助其他家庭的一种方式，帮助其他想收养孩子的家庭解决一些在手续办理方面的问题，向他们介绍一些送养国的情况，同时我们也帮助中国福利院里的孩子，进行一些捐赠，尽自己微薄的力量。

每当我们从中国回来的时候，家庭都会问，你们看到孩子们了吗，你们给他们带了什么，他们还需要什么吗？这些可爱的西班牙家庭关心的是怎样才能帮助在福利院生活的那些中国孩子，为此，我感到十分自豪。虽然他们还没有收养到孩子，但是我知道他们将会成为最好的爸爸和妈妈。在我们的努力下，更多的家庭逐渐了解了中国的福利院是什么样子，知道了孩子在福利院时是怎么被照顾的。

我们每年会去中国一、两次，最喜欢去的地方是江西，去看看那里的福利院还需要什么，给他们带去他们需要的东西，比如洗衣机、冰箱、衣服、食品、孩子的学步车以及婴儿摇篮等等。有人问我们为什么去江西，回答就是：我们并不富有，工作人员也不多，我们没有能力帮助更多的地方，所以我们就选择了一个最需要帮助的地方。另外，对我个人来说，我也想选择一个与我两个女儿出生省份不同的地方，江西省是我和孩子们一起作出的选择。

2007年我们去了几个福利院，其中一些福利院的设备很完善，而其他的则比较落后，每个福利院都热情地接待我们，他们对我们很友好。当时，我们就知道该把捐赠款用在哪儿了。因为在这些福利院里，虽然有的条件并不好，有的设施谈不上先进，但是生活在那里的孩子们都很快乐，我们看到这样的情况十分高兴，也知道了我们的孩子在和我们一起生活之前是什么样的。我们一直都想知道他们是如何被照顾的，他们有没有上学，如果生病了会怎么样，所有这些问题我们都亲眼见到了答案，这也是我们一直努力做下去的动力。

同时，看到这么多孩子，而其中很多是残疾儿童，我们又十分难过，因为我们已经习惯看到自己的孩子在家里衣食无忧。在这个过程中我认清了一件事情，那就是对孩子们来说，照顾他们的人心中有爱是最重要的，这一点我看得很清楚，福利院的阿姨们爱他们，处处为他们着想，当听到孩子们哭的时候阿姨们会迅速跑过去，这一切都给我们留下了很深的印象。

每一次中国之行我们都去看望那些被志愿协会助养的孩子，同他们住上几天，和他们一起吃饭，陪他们玩耍，其中一些孩子我从第一次去的时候就认识了。我们也看望过在医院接受治疗的孩子，当然也有令人难过的事情，那就是我们亲历了死亡，有的孩子因为太过弱小而没能抵挡住疾病的威胁。看到他们最终不幸的结果我们也心痛不已，但是生活仍然继续，而我们能做的就是为更多的孩子而努力。

正是在几次去中国旅行的过程中我们更好地了解了福利院的情况，知道了在福利院生活的孩子们是什么样的，同时我们也在西班牙范围内举办各种交流活动，让预收养父母通过一个侧面了解他们将要收养的孩子，同时也让那些已经收养了孩子的家庭知道孩子们共有的过去，知道他们是如何被照顾、被爱、如何玩耍、如何生活。我们想让所有人知道，这些孩子是曾被遗弃，但并不是无家可归，他们都生活在福利院里，而那里有爱他们、关心他们的人。

我们两个国家的人因为文化的不同而存在差异，但是对孩子的爱又将我们联系在了一起，这种联系缩短了我们之间的距离。我们每年有两到三次的收养家庭聚会，许多孩子能有机会在一起玩耍，利用这个机会，我们制作挂历、出售娃娃、义卖小装饰品、出售书籍和鲜花、制作儿歌CD以及电影，我们还拍摄了一个讲述收养故事的电影，表演者都是我们的被收养儿童。我们用筹到的善款帮助生活在福利院的孩子们，这样的事情我们会继续做下去。

这些年来，来自中国的孩子不仅仅拥有着来自他们收养父母的爱，同时也得到了整个西班牙社会的爱。在我们的心里，他们和亲生的子女没有任何区别，如果说有，那就是亲生的孩子是母亲经历身体上的痛苦后带到这个世界上的，而前者的到来让我们经受了更多心理上的煎熬，那是一种你不知道何日是终点的孕育过程，但是我们就这样继续着、继续着，直到实现最终的愿望。没有人会像对待一个孕妇那样时常地问预收养父母：“你们感觉怎么样？”对我们而言，很多人不能理解我们怎么能如此地去爱一个未曾谋面的孩子，一个身体里没有流淌着我们血液的孩子，可我们看重的并不是孩子体内的血液，我们看重的是那份爱、那份理解，孩子从进入我们家庭的那一刻起就成为我们生命里最重要的一份子。也许有一天孩子会因为知道自己不是来自妈妈的肚子而不安，会因此而产生困惑，那么我们就有义务去指导他们、告诉他们、向他们讲解一个以孩子的思维很难理解的问题，这就是我们作为收养父母的职责之所在，让他们理解这一切，让他们理解生活，理解生命。

我用一种感性的方式讲述了我的收养故事，通过收养，中国已经成为我的第二个祖国。

作者：西班牙“中国收养志愿协会” 安吉尔斯·格劳（收养母亲）

史密斯家庭的育儿笔记

【文章背景】 埃伦·史密斯（Aaron Smith）、艾米·史密斯（Amy Smith）和他们的四个孩子住在美国东海岸一个风景如画的海滨小镇。他们1997年结婚，2004年在美国国内收养了第一个儿子以赛亚，2007年从中国收养了第一个女儿香苏。2011年5月从中国收养了5岁的健伟和14岁的杉江。香苏是个身体残疾的孩子，经过治疗已基本康复。5岁的健伟双脚严重畸形，完全是踩在小腿骨的下端移动身体。14岁的杉江是脑瘫患儿，不能行走，行动靠轮椅。

该家庭的故事是他们在收养后写给收养组织的电子邮件中讲述的。

2011年8月12日

我刚刚看了一下台历，发现我们从中国回来已经11个星期了。短短的11个星期，却发生了这么多事情，有了这么多变化！我要赶快把这么多事都记下来，免得忘了。

我先从杉江说起——他是我们年龄最大的孩子，患有脑瘫和视神经发育不良，无法行走，只能靠轮椅移动。从中国回来之后，我们带他去看过很多医生，包括神经科医师、内分泌专家、眼科医生、整形外科医师、物理治疗师、两位牙医以及我们的家庭儿科医生。他真是一个了不起的孩子。他关心别人、乐于助人、热情，学东西也特别快。

大约三个星期前，杉江第一次对我说，“我爱你，妈妈”。你们知道这对孩子、对我来说意味着什么吗？杉江患有轻度尿失禁，这很可能是他的脑瘫引起的。到家之后，他有过几次尿失禁，为此他很难过，一遍又一遍地道歉。我告诉他，我知道他不是故意的，并没有为此生气。那是一个晚上，杉江和以赛亚在床上说笑，杉江笑得很厉害，出现了尿失禁。我赶紧给他洗了个澡，而他感到十分难过和不安。当他坐在浴缸里的时候，我问他为什么这么难过，还问他如果在中国发生这种事情会怎么样。他对我说，他的寄养妈妈会说他不乖，告诫他不要再干同样的事。我告诉他，我不会这样对他的，因为这并不是他的错。说真的，我理解他寄养母亲的感受，毕竟清理屎尿并不是一件有趣的事情，特别是给一个年龄较大的孩子清理。杉江洗完澡回到床上后，我过去给了他和以赛亚一个拥抱，并

杉江生日聚会一张：妈妈拿出蛋糕让孩子吹蜡烛

道晚安。杉江给了我一个长长的拥抱，此时他对我说，“妈妈，我爱你”。这是他第一次这样对我讲。从那以后，他经常对我说“我爱你”。

杉江的英文学习能力很强。他现在能说完整的英文句子，认识上百个单词，还会用英文数数，可以数到900呢！他的英文写作也进步很快。整个夏天，除去户外活动时间，我们就在家里对孩子们进行家庭教育[①]。我们有很多学习材料和用具，在我没有时间对孩子们的学习一一布教的时候，杉江可以用它来自学。其中一样东西是一套磁带和基础英语音标课本，那是我的一位叫茹的中国朋友送给杉江的，茹经常来我们家做翻译，帮助我们与杉江进行沟通。那是20世纪80年代在香港出版的教中国儿童学习英语的资料，茹的母亲本准备送给外孙女。有趣的是，茹的女儿是在美国长大的，这套英文学习资料根本派不上

① 家庭教育在美国始于20世纪70年代。其定义是：学龄儿童不经过政府或社会的学校系统，由父母监督完成正规教育。四个担忧造成这一趋势：学校教学质量下降，校园风气和安全渐差，学校的宗旨和管理方式背离传统，学童面临与学习无关的压力和影响。90年代以来，由于家庭教育成功事例不断增多，家庭教育每年以20%–40%的比例递增，据统计，美国约有几百万学龄儿童在家里接受教育。

用场。但茹的母亲舍不得丢掉这么贵的东西，就留了下来。现在这些资料终于派上了用场，茹很高兴，说这是对已经去世的母亲最好的纪念。这套磁带和课本设计得非常好，很多音标练习我已经教会了杉江。我上网搜过类似的教材，现在市面上已经很少有卖的了。我们还有一台不同凡响的电脑，它装有阅读程序，杉江很喜欢它，已经可以独立操作了。以前我还有点担心，怎样对这四个孩子进行家庭教育，这些辅助的学习用具让家庭教学容易很多。今年夏天看到杉江越来越聪明，学得也越来越快，我很开心，相信未来会更好。

接下来要谈谈我们的“小男子汉”健伟。健伟患有畸形足和腓骨半肢畸形（腓骨缺失）。他的脚严重变形，无法正常行走、单脚站立或奔跑，但是他的心却想着飞！我们家的车道上停着为大孩子买的摩托车，健伟时常围着车来回地转。下个月，我们打算带他去位于波士顿的施里纳儿童医院检查身体，这家医院离我们家有4小时路程，可以为健伟提供免费的医学治疗。他的脚严重畸形，很可能需要安装假肢。

虽然健伟的残疾很严重，但是他似乎并没有意识到这一点。他已经学会围着车道上的摩托车走来走去，没有任何事情能够阻止他的梦想！他的努力甚至让我们也常常忘记了他的残疾。健伟很热情，我很庆幸能有这么个孩子依偎着我。有一天，以赛亚问我，在参加他们表兄的生日晚会之后，是否能得到两个“赫尔希吻”（Kisses巧克力）。我答应了，以赛亚把这个消息兴奋地告诉了其他孩子。健伟当时就激动地跑过来，要我给他两个吻。他并不知道以赛亚说的是一种和“亲吻”同音的巧克力糖果，这个英文的小误解让我心花怒放：他要的只是从妈妈这里得到两个印在两颊的吻，在他看来，这比糖果要珍贵得多！

杉江跟爸爸一起打保龄球

健伟年仅4岁，正处于淘气的年龄，有时候他的恶作剧会让他的兄弟姐妹们哭笑不得，但是他的天真可爱每次都能帮他挽回些“负面影响”。几个星期之前，他开始学习英语。这个夏天，我们一直在做一些学前准备。我的爸爸妈妈为健伟准备了一个课桌、一把椅子，健伟喜欢像其他大孩子一样做作业。我也一直为他的开学进行预热准备。健伟最近最喜欢的运动是骑摩托、剪纸、在海边游泳以及观看动画片《巴布和工程师》。

我正在为秋天的全职家庭教育做着各项准备工作（这是我的最爱）、去二手商店[①]买东西、拜访几个朋友、在我的菜园中摘菜、看护教育我的四个孩子、陪两个孩子去看医生、打扫房间。我每天要锻炼身体，培养我的耐心，尽力做一个慈爱的母亲。我们的教堂扩大了规模，我已经是好几家读经班的小组成员了，这类活动让每个人都变得有爱心，是我的精神支柱。几周之后，我会参加由四名家庭主妇组织的一个圣经读经班。这项活动不仅不影响我每天的日程安排，同时还能让我保持活力。和朋友们交流，实在很美妙。

今年夏天我们拿出不少时间出去游玩。在农场开放日，我们访问了当地的农场，除了杉江，我们每个人都喜欢喂牛。因为生长在城市里，杉江有些害怕奶牛，甚至是小牛，以至于我怀疑他们之前是否见过真正的牛。杉江和健伟都坐在轮椅上，健伟想去拍拍每只小牛，杉江却想尽量离这些牛远一点，真是好玩极了。当然我们也不会勉强杉江去做一些不喜欢或者不愿意的事。

昨天，我自己带着四个孩子去看了一场免费的莎士比亚戏剧，这次是儿童版的《仲夏夜之梦》，孩子们都很喜欢。我们象是一支小小的队伍，去停车时，我的残疾人停车卡[②]为我们提供了极大的方便！今天早上，我们带杉江和健伟去看了本地孩子们最喜爱的儿科牙医，这位牙医曾经给香苏治疗过牙齿，他很擅长处理一些比较严重的病情。健伟的牙齿长得很好，但是杉江有蛀牙。杉江害怕疼痛，所以医生给杉江打了些麻药。虽然看病有些麻烦，但是我们还是很感激美国的医疗制度[③]。碰到这些时候，孩子们的外婆就赶来帮我。

对于父母的帮助，我们非常感激。两周前，我父亲过来帮我修了车子，车门关得不是

① 美国的二手商店源于最早的英国移民的清教传统，自称“节俭商店”（Thrift Store），遍布全美，收集捐赠和货物，以极便宜的价格出卖。一般来说都是非营利性质，卖的东西都是用过的东西，价格极其低廉。常见的东西有衣服鞋帽、厨具、家具、电器、节假日装饰品等等。

② 美国各州为方便残疾人生活，制定了有关房屋建造、公共车辆和设备设置、停车等的规定，就停车来说，各州车辆管理部门颁发残疾人停车证，所有停车场必须留出最近最方便的位置给持证车辆停放。

③ 美国对收养孩子的医疗保险制度：美国保险视被收养儿童等同于本国儿童，保险公司会为被收养儿童提供各种医疗保险，一般是由收养家庭选择入保种类和金额。

特别紧，如果开车带着四个孩子出去的话，会有隐患。父亲不仅帮我修好了车，还给我们带来了很多自家菜地里种的蔬菜。这些蔬菜很好吃，我的父母在花园里种了很多稀奇的蔬菜品种，孩子们一直很喜欢祖父的菜园。

在我们家里，没有烦闷和压抑。孩子们午睡的时候，我也可以偷偷小憩一会儿，让我有足够的精力照顾孩子们。

2011年9月27日

我想和大家分享一下我们家一些有趣的新闻，当然首先要感谢你们一直以来对我们的支持。今天，杉江收到了订制的脚踝和足部矫形器，有了这些器具的帮助，他现在可以自己站立很长时间，不用扶着别的东西就可以走动，而且每次可以走上八步了！真是太神奇、太不可思议了！

杉江的双腿一直软弱无力，平衡能力不是太好。我们开始对杉江的双腿进行物理治疗，他很积极地配合。当晚我们举办了一个即兴比萨晚会，以庆祝杉江第一次独立行走。我们相信他肯定会有更大的进步！

三个星期以前，杉江和我开始阅读中文书籍，练习写字，地点是在离我们家三十分钟车程的一座教堂。此后每周日下午我们都去，除了另一个家庭和我们之外，到那里的都是中国人。课程由一个家庭举办，他们希望自己的孩子可以学会读中文，写中文。在这里所

四个孩子在自家后院的秋千上笑得乐翻天

有的孩子都讲中文，而且讲得非常好，杉江也能很快适应。我很高兴能为杉江找到这样一个好地方，让杉江学说中文，继续中文阅读。告诉你们，其实我也学到了很多！

时间过得飞快！我们的六口之家已经相处六个月了！

我们发现健伟根本没有患畸形足，他的双脚患有腓侧半肢畸形，看上去严重畸形的右脚实际上是后翻，因为那里的骨头是向后生长的，可以通过持续数月的矫正或外科手术慢慢恢复到原位。我们去见的医生曾治疗过很多患有腓侧半肢畸形的孩子，但是他们都没有见过健伟这种情况，并强烈建议我们给健伟截肢并安装假肢。他们说，我们可以选择给健伟的右脚进行矫正治疗，但是这需要多次手术，而且最后这只脚的功能也许还赶不上假肢的功能。医生的建议使得我们做决定不那么困难，毕竟功能更重要。健伟希望自己的两条腿一样长，这样他就可以够到自行车的脚踏板了。安装假肢需要适应一段时间，之后健伟可以像其他孩子一样四处走动，也可以参加所有他感兴趣的体育运动。对于即将进行的手术，我知道很多人会为我们祝福的。

2012年1月我们还要再次到施里纳医院，进行手术前的准备，届时我们会与很多患有腓侧半肢畸形的儿童家庭见面，与他们交流经验和心得，之后，就安排健伟进行手术。

所幸12月份没有治疗安排，这样我们就可以稍微放松一些，好好享受一下圣诞假期。杉江和健伟都很喜欢过圣诞节，在圣诞节那天，他们将会得到礼物，而且他们已经告诉我最想要的礼物是什么了。

在去施里纳医院的4个小时车程中，健伟表现得很好，此时的他不必与别人分享妈咪，就像一个小天使。爸爸和我一直在叙旧，在过去这六个月中，我们很少这样谈心。

杉江一直很努力地进行物理治疗练习，而且他在中文课上也学会了很多中国字，他的课后作业也做得非常棒。

杉江和健伟都很喜欢与以赛亚和香苏一起上中文课。健伟还喜欢上武术课，这给每个人都留下了深刻的印象。他从不让自己的脚牵绊前行的道路。

以赛亚和香苏的表现也很不错。这四个孩子经常一起玩耍，这令我们很欣慰。健伟和香苏不时逗嘴，很像我小时候和弟弟约翰吵嘴，那时候我们经常令母亲无可奈何，而这也是我成长中的美好记忆。

以赛亚正在与所有的表亲和几位叔叔一起排演家庭剧。我们一起编写剧本，并且分配了角色，以赛亚要确保我们家每个人都有剧服。以赛亚将扮演约瑟夫，香苏扮演天使，杉江则是三个国王中的一个，健伟将扮演牧羊人。以赛亚还制作了皇冠和牧羊杆，他总是喜欢亲手制作。

以上就是史密斯一家的最新情况，也是我想分享的幸福经历！

作者：艾米·史密斯（收养母亲）

收养使我的生命更完整

对于我来说，作出收养的决定是有迹可循的，当我还是一个小女孩的时候，我就有过这样的想法。

我在一个大家庭里长大，家里人很喜欢孩子，而且我一直认为自己将来的家庭也必定是个大家庭，这个家庭要有我自己生养的孩子，还要有我收养的孩子。但是，要劝说我的丈夫巴特接受收养这个决定稍微困难了一点。我们刚结婚的时候，经常谈到这个话题。我们有一个儿子，之后是个女孩，但她在婴儿期就夭折了。那个时候，我觉得我们应该着手收养孩子，但是巴特对此还不确定。我们来回讨论了将近七年，之后，我终于说服了他，踏上了去中国的旅程。

我们现在在中国从事的是医疗保健行业，巴特是一家国际医院的行政管理人员，而我在一家为孤儿提供医疗保健服务的机构做志愿者。因为工作的关系，我们对中国的孤儿有了一些认识和了解，我和丈夫也做好了收养的准备。根据中国的规定，像我们这样的外国人必须在中国居住至少一年后才可以递交收养儿童的申请，我们还要再等几个月，在等待的这段时间里，我们开始准备所需要的文件。

我在福利院工作的时候，有机会见到很多需要家庭温暖的孩子，大多数孩子需要医疗康复，有些是小问题，但有些则是危及生命的大问题。不管是不是需要医治，每个孩子都需要一个充满爱心的家庭，需要有人把他们当做自己的孩子一样看待。对那些需要医治的孩子进行家庭寄养，孩子们可以得到更多更适合他们的帮助和治疗，获得生存和康复的机会，最终得以被收养，这真是一项了不起的计划，但是现在做的还不够，需要帮助的孩子太多了。

一个叫文静的小姑娘就是这样来到我身边的。她很漂亮，有圆圆的大眼睛，但是她生来就丧失了部分听力，一侧的耳朵功能不完善。我刚见到她的时候，她的视线能一直追随我，但是随着我去探访的次数越来越多，我发现文静越来越不像以前那样敏捷了，而且日渐消瘦，还得了皮肤病。看到她因为没有得到足够多的关注而导致听力和语言能力无法得到改善，我就心疼得厉害。回家后，我把文静的情况告诉了巴特，并和他商量是否可以把文静接回家，这样孩子就能得到积极的康复训练，对她的听力和开口说话都很有好处。巴特考虑权衡之后答应了，我们向福利院提出这个请求，将文静接回了家。当然，我们也想过收养文静的事，但是在当时，收养哪个孩子是由政府安排的，文静能否安排给我们，我们没有把握。

国际收养的过程非常复杂，因为你必须同时满足两个国家的要求、准备好所需要的文书文件，还得完成每份文件所要走的步骤，有时候真的是会气馁。在你得到许可来中国收养之前，你必须检查一下自己的财务状况、健康状况，接受前二十年甚至更久的犯罪背景清查，请社会工作者来家里进行家访调查，研究一下你的家庭和居住环境，一旦这一切都满足条件了，你的申请文件必须由驻美国的中国大使馆进行验证，之后，所有的收养申请文件才能提交给中国政府。不过，令人高兴的是，在准备收养文件阶段，我们发现文静的资料已经出现在等待安置的名单上，这样我们就很幸运地收养了她。

经过一番周折终于办好了海静（前排左一）的入籍手续

当我们得到中国收养中心的批准后，我们重回了这家福利院，并且去当地省会城市办理了最后的收养手续，文静正式成为了我们的女儿。拿着她的中国护照，我们又来到了大使馆，经过健康检查之后，拿到了文静的移民签证，这样她成为了一名美国公民。我们回到美国，文静获得了美国公民资格和美国护照。有意思的是，我们接着要给她申请回中国的签证，这样我们才能一起回到中国的家。这真是一个漫长而又复杂的过程，许多人称之为“文件怀孕期！”

在成功收养了文静后不久，我们决定给文静找个妹妹，于是我们又开始了收养文件准备过程。这一次看上去容易了一些，因为我们已经轻车熟路了，而且目标也很明确。文静所在的福利院里，有个女孩名字叫海静，与文静有同样的健康问题，我们决定收养她，这样我们就可以同时照看两个有同样疾病的孩子了。

全家合影（左边是妈妈抱着文静，右边是爸爸抱着海静）

但是事情并不像我们想象的那样顺利，在我们于2008年2月提交第二份收养申请后，发生了两件重要的事，极大影响了我们第二次的收养进程。首先，北京要举办2008年奥运会；其次，美国签署了海牙国际收养公约，并于2008年4月1日起执行。前者意味着，我们的国际收养进程将会受到影响；后者意味着，我们陷入了美国前后法律之间的过渡期，我们的申请是根据之前的法律进行的，而且还没有结束。2009年5月13日，由于疏忽我们忘记了给美国收养批准书延期，这意味着我们原先的批准要按照海牙公约的要求重新申请，当然这是我们后来才知道的。2010年2月25日我们收到了中国收养中心发来的批准领养海静的通知函，不久我们就着手给她办理美国公民的事，但是前面提到的问题出现了，在海牙公约签署之后，之前处理我们文件的政府部门已经不再负责收养事务，而是由另外一个政府机构接手，但因为批准书过期，我们领养的孩子无法获得公民资格的预批，这就意味着，要想为女儿申请公民资格，必须走截然不同的法律程序。这时，海静的中国护照就快到期了，不久后她就不再是中国公民，但她也不是美国公民，这样，无论她在中国还是在美国身份都是不合法的！

当时只剩下短短几周，海静就要变成无国籍的人了，就在我们局促不安、束手无策的时候，中国收养中心替我们出面，在与美国政府的沟通中，他们清楚地声明当初福利院和我们签订的协议，已经构成了对海静的监护责任，这样充分满足了美国法律的要求，就在海静中国护照过期前9天，她终于成为了美国公民！

我们很感激中国收养中心的帮助，感谢中国政府给我们机会收养两个中国孩子。经过以上复杂的程序和过程，整个收养过程圆满结束。下面附上我们夫妇给中国收养中心（现更名为中国儿童福利和收养中心）张世峰主任的一封感谢信，再次表达对你们最衷心的感谢：

尊敬的张主任:

您好！

非常感谢您和您的员工在福海静申请美国公民身份期间给予的所有帮助。刚刚收到了美国移民局发来的正式通知——福海静有资格马上被授予美国公民身份；您寄给移民局的信件是他们作出决定的先决条件。我的妻子和我打心底感激您，谢谢您的大力帮助！非常感谢中国收养中心所做的一切，包括在我领养两个女儿（文静和海静）时给予的大力帮助。中国收养中心为中美家庭建立起了友好关系的桥梁，极大促进了美国与中国的联系，这种友好的关系将延续下去，恩泽几代人。再次感谢您所给予的所有帮助！

此致

敬礼

巴特·丹尼尔

现在我在中国已经生活八年多了，当我出门时，我会遇到堵车，有人会叫我“老外！”还有些人看到我们的两个女儿会疑惑不解地问：“这两个孩子是中国人吗？”这时我通常会微笑着用最有礼貌的中文说：“是的，她们是中国人。”我不知道是什么让人们感到吃惊，是因为一个“老外”听懂了他们的话，还是因为我有中国孩子？周围热情的中国人和我聊天时，总会问到这样的问题，通常谈话如下：

对方：“你是她们的老师吗?”

我：“不是，我不是她们的老师，我是她们的母亲。”

对方：“哦，那你丈夫是中国人吗？”

我：“不是，我丈夫是美国人，孩子是我们收养的。”

对方：“但是孩子们说的是英文，她们会说汉语吗?”

有时候我很累，或者在思考别的问题，不太想回答这些问题，而且我的中文不太好，说得也不太流利，必须靠翻译帮忙才行，但有些问题是我喜欢的，也是非常愿意回答的，比如，我对收养有什么看法。我已经生过两个孩子，而且我还收养了两个孩子，有些人会问，亲生和收养的孩子区别在哪里。我必须说，虽然我与他们来自不同的国家，但是我对他们的爱是一样的，对于有好几个孩子的人来说，你爱每个孩子的方式可能有所不同，但是，你对他们的爱是一样的，你会全身心地去爱他们，此时，孩子是收养的还是亲生的，都无关紧要。有一次很有趣，我对着镜子给女儿梳头，我看到她酷似我的眼睛，看到她可爱的表情，有那么一瞬间，我意识到其实她并没有遗传我的基因，她只是在模仿我！有时候，她们离开我的视线仅仅一两米远，我都会担心，这种担心会让我不安、让我尖叫甚至哭泣，这就是“母女连心”的奇妙所在吧。即使她们对我撒谎、令我失望，我对她们的爱还是丝毫不减。

当人们问我为什么要收养孩子时，我所能说的就是，我心里承载着太多的爱，当我想

文静（右）和海静（左）

丹尼尔家的全家福

到孩子们需要关爱的时候，我希望与他们分享，为什么不能给孩子们一个家呢？收养使我的人生变得更加完整。虽然她们不是我孕育的，但是这丝毫都不会影响我对她们的爱，她们在我心中成长。对于她们来说，长得不像我没关系，只要我们彼此相亲相爱。

成为一家人并不一定要分享DNA，我们分享的是人生，是每一天的喜怒哀乐。每天下班后，会有人在家里等着我；每次和她们讲一些有趣的小事情，她们都当成里程碑似的大事件；当我做出了一些成就，会有人为我喝彩；当我难过伤心，会有人安慰我。成为一家人意味着，我们是一个整体，属于彼此，关注彼此，为彼此祝福，为彼此分担。

爱不仅仅是一种感觉，还是一种选择，一种承诺。当我们付出关爱的时候，我们也会加倍地收获关爱。收养也是一样的，它也是一种选择和一种对关爱的承诺。

和我聊天的大部分人都表示，这两个孩子能被我收养是很幸运的，而我的回答是，感到幸运的应该是我，我很幸运中国能选中我作为她们的养母。感谢中国儿童福利和收养中心！感谢中国！是你们使我的家庭和人生更加完整。

作者：迪尔德丽·丹尼尔（收养母亲）

收养，造就了一个四口之家的天伦之乐

现在我们终于是一个完整的四口之家了！在带着小弟弟回家半年之后，我们仍然不敢相信，如此短的时间就成就了一个四口之家，这一切是我们从不敢梦想的。我们有两个在中国出生的可爱的孩子，5岁半的姐姐和3岁的弟弟，成为这两个孩子的父母真如同一次探险之旅！

在等待了一年左右的时间之后，我们于2007年新年带着姐姐回到家中——一个1岁左右的“小精灵”，毫无疑问，她是世界上最漂亮的孩子。我们的女儿很快就和爸爸妈妈建立了感情，她非常可爱，全家人为她的到来而高兴，所有的人都热情地接纳了我们的女儿，好像安奈特从一出生就是我们的女儿似的。保健护士认为，她和其他同龄孩子发育水平相同，而且她在运动机能和智力方面都比平均水平还要超前一点。妈妈在家照顾了她很长时间，我也请了假在家陪伴她。我们送她去“开放式幼儿园”，如同中国的“亲子班”，在那里家长可以与孩子一起游戏、唱歌、吃午饭，还可以做其他很多事情，例如：涂颜色、画画、剪纸和粘贴，非常有意思。安奈特在那里很适应，为她上普通幼儿园做了很好的准备。

安奈特的幼儿园离家仅一步之遥，她从第一刻起就喜欢上了那里，我们有一个特别快乐的女儿，所有的孩子都愿意和她一起玩，一个真正的“小太阳”，一个有责任心的女孩，从不会和其他孩子发生冲突，我们作为家长为她感到自豪。

她很早就表现出对音乐和唱歌的喜爱，并开始学习舞蹈和芭蕾。安奈特是一个非常有安全感的女孩，奶奶、姥姥和姥爷都非常喜欢她，她还是舅舅一家的宝贝，和叔叔的关系也特别好，叔叔家有四匹马，安奈特非常喜欢去叔叔家骑马。我们还有很多从中国收养过孩子的好朋友，社会支持网络很庞大、很稳定，其中有一家人，是我们一起去中国收养女儿的时候认识的，两家距离只有一小时车程，我们两家女儿的关系很好，她们有着相同的背景，希望她们一生都能够相伴成长。

此外，安奈特还经常坐飞机出行，是一个有丰富旅游经历的孩子。我们去过挪威南部的度假小屋，还一起去欧洲南部——希腊、西班牙、法国等地。

姐姐、弟弟和爸爸

爸爸、妈妈和弟弟

在写这篇文章的时候，安奈特正在兴奋地为度假收拾行囊，她为能够去西班牙度假感到高兴。行李收拾好了又拿出来，拿出来又放进去。娃娃、玩具、游泳衣、游戏机等等，所有的都要带上！

正如我前面写到的，她就像从一出生就是我们的女儿一样。她性格很好，富有同情心和爱心，而且自我意识也很强。她记性很好，能够记得很多我们很久以前谈论的事情。她学东西很快，能够唱出有人对着她唱过一遍的歌曲。对一个五岁半的小孩而言，我们觉得她非常聪明。她能够写自己的名字和住址，在算术方面也很擅长（奶奶在这方面也很擅长，她退休前是校长）。安奈特感情丰富，喜欢与人交往。我们和她一起看儿童电视的时候，她很喜欢待在我们怀里，从小就如此。她是姥姥的“小甜心”，是姥爷的“贴心小棉袄”，是奶奶的“可爱小鬼”，她也非常愿意听他们这样叫她。安奈特是我们盼望已久的孩子，她也知道这一点，作为父母，我们会尽一切努力在未来给我们的孩子强大支持，无论是在幼儿园、在学校还是他们成年后的生活都是如此。我们告诉安奈特要经常和爸爸妈妈聊天，把烦恼向我们倾诉，我们会永远支持她，给她安全感和稳定的家庭生活。这一点我们已经做到了，未来我们还会继续这么做。

很久以来我们一直都想再收养一个孩子，在与挪威北方领养机构进行了多次交谈之后，我们了解到中国收养中心的网上特需儿童委托项目中有很多生病或有先天缺陷的孩子同样需要家庭，我们决定试一试，为了给这一次的收养做好准备，我们通知了家庭医生和保健护士，还通知了家人和朋友。所有的人都对我们要收养一个有特殊需要的小妹妹或者小弟弟表示赞同，这个孩子会和我们的女儿一样拥有众多亲朋好友的祝福和关爱。

我们花了很多时间和安奈特交谈，告诉她很快会有一个小弟弟或者小妹妹了，她非常高兴。我们又花了很多时间谈论中国，她一直都清楚，自己出生在中国，爸爸妈妈在那里将她领回了家。我们在收养安奈特的时候给她买了一张地图，那上面画着她以前生活过的地方，我们在那里画了一个圈，并且用镜框装裱起来挂在了墙上。我们经常去看那张地图，然后和女儿聊一聊，现在我们的话题又一次回到了那张地图上，只是这次我们要再买一张地图了。

一切比我们预想得要快，就在短短的几个月后，我们得到了领养机构的电话，那是一个早晨，我们激动得几乎要晕倒了，因为我们被问到是否愿意考虑收养一个两岁的小男孩，他因为一个小毛病而进入这个项目，我们立刻回答愿意。我们和医生一起仔细研究了孩子的健康报告，医生直接建议我们，没有什么大问题，去申请好了。在向中国收养中心提出的申请中我们写到，很清楚孩子的健康问题，他会在回到挪威家中之后接受挪威专家的全面检查，专家会评估他需要什么样的治疗。他将会有一个同样出生在中国的大姐姐，一对爱他的爸爸妈妈，父母会像爱姐姐那样爱他，他将拥有一个充满爱的大家庭。

在挪威，如果人们想要收养一个有特殊需要的孩子，要获得一个专业委员会的批准，那是一个中央机关下属的特殊部门，会确定收养是否对孩子有利。当我们获得了中国和挪威专业委员会双方的批准后，我们高兴极了。后来通过邮件传过来一张漂亮迷人的小男孩的照片，我们怎么看都看不够，姐姐安奈特也高兴极了，我们深深地爱上了这个小弟弟，对我们来说，他是一个完美的孩子。

爸爸妈妈和姐姐

在得知我们将要带另一个孩子回家后，生活开始了幸福而忙乱的新篇章，我们要为这个男孩取一个名字，安奈特已经有了自己的主意，最后定下了埃里克这个名字。然后我们就像是放开了快乐的闸门，三个人出去为小埃里克买东西，衣服、鞋子、印着可爱的蓝色泰迪熊的床上用品，安奈特亲自为弟弟选了玩具，还要弟弟睡在她的房间，因为那样弟弟就不会像她刚来的时候那么孤单了，她对即将来到这个家庭的弟弟埃里克表现出极大的关心。她还在幼儿园高兴地宣布了这个好消息，她的家中就要来一个小弟弟了。当大家听说这个消息后，都不禁热泪盈眶。

姐弟俩

幼儿园里的孩子和老师们都十分关心我们家的新变化，于是在安奈特到中国接小弟弟的旅途中我们给她所在的班级寄去了大量书信和照片，这样大家就知道了，安奈特是如何以跟其他小朋友不同的方式得到了一个小弟弟，这种做法非常受欢迎，我们得到了很多祝福，她所在班级的其他孩子也帮助她回答别人的问题，很多人这样对安奈特说："真好，能够见到埃里克的照片真是太好了！"

再次回到北京就像做梦一样，我们先在北京待了几天，一方面是带安奈特四处逛逛，看看长城、鸟巢和丝绸厂，一方面是为了倒时差，尽快适应环境。然后我们来到了温暖、艳阳高照的中国南方，见到小儿子的那一天，是我们期待已久的，比预想得要早了好几年。我们是那天唯一的一对挪威夫妇，很多可爱的孩子即将在那一天拥有自己的爸爸、妈妈和兄弟姐妹。福利院的老师带着小儿子来了——他的个头儿是那么小，以至于我将他抱在怀里的时候感到有些吃惊。他看上去很乖，直到老师走的时候，他才反应过来，开始大哭。这种情形和我们得到女儿时一样感人，这是一种极其美好的成为父母的方式，很难用语言来描述——只能去感受。我们回到宾馆后，一切都安顿下来，我们可以好好地围着儿子，与他彼此熟悉。不过还是姐姐首先和他建立了感情，她带着弟弟一起游戏。埃里克特别讨人喜欢，他很愿意和我们亲热，喜欢被人关注，他总是在"看护"我们，每次去吃饭或者走出宾馆房间的时候，他都会核实一下是否所有的人都在。他很快就会叫妈妈、爸爸和姐姐了，不过他将姐姐称为"大大"。

在回家以后，埃里克受到了一次小范围的欢迎，那是在到家后的第二天，我们被邀请到安奈特的幼儿园，孩子和老师们请我们喝果汁、吃自己烤的面包。所有的人都通过寄回的信和照片认识了埃里克，安奈特也很自豪地介绍了自己的弟弟。

我们带着儿子埃里克回到挪威已经半年了，经过了儿科医生和专家的检查，除了语言方面的问题，他没有任何滞后的地方。他能够听懂的话越来越多，能够说的话也越来越多，有了妈妈、爸爸和姐姐，有了全新的环境、全新的语言、全新的食物，这对他来说是很大的变化，但是他很快就适应了这一切。

12月对于我们家来说，有很多值得纪念的日子，圣诞节在12月，奶奶、妈妈、安奈特和叔叔罗格都在12月过生日。人们烤制了很多好吃的点心，埃里克非常喜欢，他每天都会有新奇的经历。外面下着大雪，他用安奈特的小滑雪板，尝试了一下滑雪。我们造了个雪洞，还用油灯照明。安奈特和埃里克的关系很好，他们之间的感情很亲近，当然他们之间也会有争执，比如：埃里克毁掉了安奈特漂亮的新芭比娃娃，那次他知道自己真的闯祸了！但多数情况下，他们还是和大多数兄弟姐妹一样相亲相爱。

秋天的时候，安奈特就要上一年级了，我们像所有的父母一样，为她感到高兴。她已经学会了写字母，能够做简单的数学题，可以写自己的名字和家庭住址，在她看了我写的东西之后，她自己也能够照着写一个小故事。她还参加了幼儿园组织的郊游活动，那是她第一次离开爸爸妈妈，孩子们一起钓鱼、撒网、游泳，还一起散步，这样的郊游每年都有一次。埃里克就要上幼儿园了，他能够感受安奈特所经历过的一切。幼儿园有自己的小型客车和自己的船，不同的班级轮流出行，他们到过卑尔根周围的七座山呢！

我们的小儿子埃里克身材比较矮小，但很有个性。他总是很快乐，和我们非常亲密，也喜欢和爷爷奶奶、姥姥姥爷、姨妈、叔叔、表兄弟、表姐妹们在一起。我们有两个在中国出生的孩子，我们对中国有着特殊的感情，他们给了我们两个渴望已久的孩子。

最后我们要向中国儿童福利和收养中心表示感谢，如果没有你们作出的努力，我们永远都无法成为一个四口之家。

作者——充满感激的四口之家：
安奈特、埃里克、妈妈万雅和爸爸伊达

相亲相爱的姐弟俩

三代人的奇缘

母亲

1980年高考刚刚结束，我正在家中等待通知，一位陌生的中年男子突然登门拜访，说要见他妻子失散多年的姐姐。

爸爸妈妈结婚近半个世纪，生了三儿一女，可妈妈从未向我们提起过自己的妈妈和妹妹。看着孩子们迷茫困惑的眼神，妈妈流露出无限的惆怅和难言的感伤，她把我们拢在身旁，述说起她那鲜为人知的身世。

1941年7月的河南开封，天气闷热得让人喘不过气来。10岁的姐姐和6岁的妹妹正在自家小院里玩耍，等待外出务工的爸爸和妈妈归来。

突然，一个他们从来没见过的男子急匆匆闯进了院子，“我是你爹的朋友。他做活出事了，让我接你们去医院！”两个孩子立马慌了神儿，跟着这个陌生人奔出院子，爬上他的马车。跑了几十里的路还是没见到爹娘，姐妹俩紧张了起来，觉得上当了，开始大哭。

全家福

经过几天的辗转，两个惊魂未定的孩子被一个大汉带到了天津，在车站外接她们的是一对30岁左右的男女，这俩人把一小袋东西塞到了大汉手里，从哗哗的大洋碰撞声中，两个孩子终于明白自己被拐卖了。

两个孩子抱头痛哭。10岁的姐姐天天哭着要回家，很快就患上了痨病，6个月后撒手人寰。剩下妹妹一个人，她那自己不能生育的养父母虽不大喜欢她，可身边就这么一个孩子了，怕她像姐姐一样有个好歹，就小心照顾。

可好景不长。两年后，一个六口之家从山东逃荒要饭到了天津，饿了好几天，实在撑不下去了，就挨家敲门，乞求用自己出生不到两个月的女儿换几斤面。

这家人敲到了妹妹家，一看见女婴那对秀气的眼睛和白净的脸蛋，她的养父母马上就喜欢上了。给了这逃荒的一家人十二个烧饼，把孩子收养下来。从此他们就把这小婴儿当成自己亲生的一样，宠爱有加。可对不到8岁的妹妹则失去了耐心和关怀，从此她就成了家中名副其实的佣人，白天晚上看孩子、洗尿布、收拾房间……

这个孩子刚到上学年龄就马上被送到一家私立小学，一直念到中专。可妹妹连一天学都没让上，每天伺候着这两老一小，一直熬到17岁，才得到养父母允许，只身一人来到抚顺，在一家国营被服厂找了份缝纫的工作。从此，她再也没有与养父母联系过。

这位含辛茹苦、六岁就被迫与亲生父母分离，从未得到过父母宠爱的人就是我深深敬爱的母亲。

来找我母亲的原来是她的妹夫。为了帮姐妹团圆，母女消仇，我这个十分有人情味儿、有毅力的姨夫奔波于抚顺和沈阳之间，进行“寻亲调和”。几个月后，我们兄妹四个第一次见到了从来没听说过的“姥姥”和“姨”，三个毫无血缘关系的母女哭成了一团。

我

1986年，我告别父母、兄妹和未婚妻立立，带着妈妈亲手给我缝在内裤兜的15美元（当时出国一次只允许兑换30美元）搭上北京飞往旧金山的航班，成为抚顺第一名自费留学美国的学生。

我就读的学校是哥伦比亚神学研究院，现改名为哥伦比亚国际大学。也许是妈妈那令人费解的被收养的痛苦经历使我对宗教的思想、对家庭的组成、对人与人之间的爱和恨有了一种特殊的好奇。我似乎想为妈妈，也为自己找回点什么。

我得到的是学费全免的奖学金，可生活费要自己解决，找地方住成了大问题。正在走投无路的时候，奇迹发生了。在去食堂打工的路上，一位年近60的长者和我亲切地打招呼："我是雷曼教授，教基督教历史的。你看上去好像有事。我能帮你什么忙吗？"我心里一惊，犹豫了几秒钟，决定把自己的处境告诉这个素不相识但出奇热情的美国教授。"欢迎你到我家来住，你若能来，我们全家会特别高兴。"我激动得不知说什么好，眼泪哗哗地流了下来。我感到一种强烈的爱，就像我父母曾经给我的那样。

当天我就带着装不满一箱子的家什搬进了雷曼家。正像雷曼教授说的，他们真是有一大家子的人，夫妻和孩子总共十口！可奇怪的是，在八个子女中有三个是皮肤黝黑的女孩子，一个是混血男孩，一个是双目失明的白化病男孩。看到我目瞪口呆的傻样子，雷曼夫妇哈哈大笑，告诉我："他们都是我们的宝贝孩子，三个是我们自己亲生的，其他五个是我们收养的，这三个是我们在肯尼亚做传道士时领养的，他们都是孤儿，那两个是在美国当地收养的，他们的父母都在坐牢。"

"这夫妻俩不是有钱就是有病。"我心里直犯嘀咕。妈妈被收养、被虐待的悲惨遭遇又涌上了心头。他们真能像爱自己亲生孩子一样爱收养的孩子吗？他们弄这么一大帮孩子图啥？

几天、几个星期、几个月过去了，我看不出这个家庭与其他家庭有何不同，父母与每个孩子之间毫无掩饰、自然而然地流露着让人羡慕的互爱和真情。大家一起做饭吃饭，一起郊游，一起去影院，一起做礼拜，一起看孩子的足球比赛。孩子们发自内心地叫着"Mommy、Daddy(妈妈，爸爸)"让我羡慕、感叹，甚至有些羞愧。

一天，家里就雷曼夫妇和我三个人，我鼓足勇气提出我憋在心里好久的问题："你们真心爱这些收养的孩子吗？你们对待每个孩子真的都是100%公平的吗？"

雷曼夫妇满脸惊讶，一时不知如何回答我的问题，好像听不懂我的中式英语，过了一会儿他们才恍然大悟。"对我们来讲，每个孩子都是上帝的赐福。真心爱每一个孩子就是真心爱上帝。"他们那真诚、平静得让我震撼的话语就像炙热的太阳一样，我心中疑惑的坚冰开始融化。

在我极力的说服下，立立终于放弃了自己在国内的律师工作，来到了美国。1989年6月，我拿到了宗教哲学硕士学位，业余时间开始在丹佛大学攻读博士学位。1992年2月的一天，我正在丹佛大学图书馆为我的博士论文收集材料，在中文资料室无意中翻到一张《人民日报》，头版头条刊登着《中华人民共和国收养法》。这五千多年中华文明史中第一部《收养法》让我震惊。祖国真是开放了！我借了报纸，开车就回了家，把报纸交给对国内法律事业发展极为关心的妻子。当看到允许外国人收养中国孤儿的条款时，我们不约而同地说："给雷曼夫妇打个电话，也许他们愿意收养个中国娃！"雷曼夫妇听了我们的想法哈哈大笑："我们还真想收养，可中国不会把孩子交给一对60多岁的爷爷和奶奶吧？不过，会有很多美国夫妇愿意收养中国孩子"，他们相当肯定地说。"真的吗？"我们当时以为他们是世界上少有的愿意收养孩子的人。

我们马上开始与身边的朋友和邻居谈论此事，让人瞠目结舌的是许多人一听就兴奋起来，立刻就要到中国来收养孩子。这下那些没爹没娘的可怜孩子要有希望了。这时立立已经拿到了工商管理硕士(MBA)学位，和几个美国同学成立了一家电脑软件公司。可她念念不忘的还是曾经从事的法律工作，当看到这么多充满爱心的美国夫妇愿意通过法律渠道收养中国孤儿，她马上感到自己有了用武之地，她开始义务为美国收养夫妇提供法律咨询。

来找立立咨询的夫妇很快就超过了两百人，除了和丈夫照料两岁的双胞胎儿女和接受法律咨询以外，立立根本没时间顾及电脑公司的业务。经过一番考虑，我们决定全心全意投入为孤儿找家的工作。1992年9月美国国际中华儿童服务中心成立了，19年后的今天，它已为近万名中国的弃孤残儿童在美国找到了充满爱和幸福的"洋"父母，其中一位就是我们的女儿仲情。

女儿

1995年12月10日清晨5点，寒冷的乌云笼罩着睡意未尽的城市。在医院值班的保安贾学进在巡夜的时候，听到了婴儿尖锐的哭声，他顺着声音找过去，在门诊大厅的女卫生间，一个婴儿正躺在冰冷的水泥地上。孩子被包裹在一条小棉被里，身上穿着黄色的毛衣外套，小脸洁白，嘴唇发紫。孩子身上有一张写在半页横格纸上的字条，上面歪歪扭扭地写着："感谢各界人士、朋友和各级领导把此女孩收留。因为孩子有先天性心脏病，本人没有能力养活，望收留。"

"这狠心的父母！"贾学进边嘟囔边赶紧把孩子抱起来，找到值夜班的护士长，又

中学时期的仲情

快乐的仲情

弄来个奶瓶和奶粉，给冻醒了正饿得要命的小婴儿喂奶、换尿布，两个人忙了大半夜。天一亮，急诊大夫刚跨进门，两人赶紧把孩子抱去检查。医生诊断：法氏四联症①，一种十分危险的心脏病。第二天，贾学进拨通了派出所的电话报了警。派出所派了民警，将捡拾经过作了记录，随后把孩子送到了福利院，福利院给她起名华高洁。

患有法氏四联症心脏病的孩子一般是越早做手术越好，最好在两岁前。可高洁体质太弱，在福利院调理了十个月也不见效果。院里决定给她找个寄养家庭，几天后高洁在离城四个多小时路程的一户农家住下了。高洁的养父母是一对善良勤劳的农民夫妇，两人生有一儿一女，还照顾着年迈的老母亲。一家生活同当地其他农民家庭没什么不同。就在高洁要上学的那一年，韩国一家著名的心脏专科医院要义务为福利院的两名心脏病儿童做手术，福利院的护理员想起了高洁。几天后，瘦小的高洁在寄养母亲和一位翻译的陪护下搭上飞往韩国的航班，韩国心脏病专家精湛的医术和感人的爱心保证了高洁心脏修补手术的成功。两周后，高洁回到国内，受到了热烈欢迎。

这时的高洁已过了上学的年龄，福利院把她接回来，安排她上了小学，并决定把她的材料提交给中国收养中心（现中国儿童福利和收养中心），希望给她找个收养家庭。收养中心很快将她的情况推荐给一些外国收养机构，希望能找到合适的家庭。可她的材料

① 法氏四联症是一种比较常见的复杂的先天性心脏病，心脏同时有四种畸形并存。患者青紫、杵状指，活动时青紫加重，呼吸增快、困难。是幼儿和儿童期最常见的紫绀性先天性心脏病，占了先天性心脏病的60%左右，只能通过手术治疗。

在很多收养机构中辗转了近两年，也没找到一个家庭，主要原因是她年龄太大，身体状况复杂。

2004年7月的一天，30份孩子材料从中国收养中心寄到了国际中华。听到工作人员的欢呼雀跃声我也跑到会议室凑个热闹。一大摞材料的最上面是一个十分秀气的女孩照片，两个小酒窝，笑得很迷人，头顶上横七竖八地别了一堆各种颜色的发卡。孩子看上去也就五六岁。照片下写着她的中文名字：华高洁。“这孩子真可爱！”我随口说来，正在整理材料的蒂尼斯抬头看了我一眼，漫不经心地说：“我看她到你家最合适不过了。”我的心猛地跳了一下，不知说什么好，赶紧找了个借口，脱身回到自己的办公室。可是不知怎么回事，孩子那可爱的笑脸一下午也挥之不去。下班时，趁立立上洗手间的空隙，蒂尼斯把华高洁的全部材料放在了她的书桌上。我彻夜未眠，总感到那双可爱的眼睛在看着我。

第二天，按原计划我飞到了田纳西州，和立立一起参加一个重要的收养工作会议。会议刚结束手机就响了，是我的好友——丹佛儿童医院的心脏病主刀医师麦克斯·米歇尔博士。麦克斯曾同我们多次到中国，给福利院的孩子义务进行心脏手术。蒂尼斯跟我讲：“你们收养她应该没问题，再说还有我呢。”

这么多年亲眼目睹、亲身感受这些充满爱心的美国家庭对这些被生身父母遗弃的中国孩子那令人难以置信的爱，我和立立也渐渐产生了收养的念头，而且一直想收养一个小婴儿，又可爱、好玩、好养，又容易建立亲情。可9岁多的高洁出现了，我的心灵再也平静不下来，我失眠了……

第二天一大早，我把全家折腾起来，郑重地对立立和孩子们说：“我们应该收养华高洁！”“我和孩子们都愿意，就等你这句话了。”原来他们三个已背着我商量好了。回到办公室，把全体员工聚到一起，我正式宣布：“立立和我决定收养华高洁。”没等说完，我的眼泪就流了下来，这是我第一次，也是唯一一次在员工面前落泪。

2004年10月25日，我们全家在福利院的会客厅等到了华高洁的出现。大家争先恐后把她抱在怀里，泪水染湿了她短短的学生头。可她似乎有些不情愿、有些茫然。几个月后她才告诉我们一个秘密。当福利院问她愿不愿意像其他小朋友一样被收养时，她说：“愿意，但有个条件：收养父母一定是黄头发的！”

我们给开始了新生活的华高洁起了个新的中文名字——仲情，和我们双胞胎儿女仲华和仲夏的名字连在一起，就是“华夏情”，表达了远离故乡的游子对祖国的眷恋，也表达了对被收养的中国孩子们的期盼和祝福。

后续

仲情现在是一个正值豆蔻、长得水水灵灵的美丽姑娘。由于在国内没有好好上学，来美国又晚，仲情必须付出比别人更大的努力来追赶同年龄的学生。可她不服输，我们每天都能看到她点滴的进步，无时无刻不在鼓励她，让她知道自己与别人没有任何不同。

现在仲情不仅英语说得特地道，还时常纠正爸爸妈妈的“中式英语”，让我们时常下不来台，哈哈！仲情还是个特别出色的小画家，作品得过学校的艺术大奖，她的梦想就是能考上美术学院，做个出色的艺术家。

作者：美国国际中华儿童　仲辉（收养父亲）

爱无国界

作为西班牙一家收养机构的负责人，我从事跨国收养工作已16年有余。回想起这美好经历的起始，令人无比激动，我有幸目睹了5000多名被收养儿童来到西班牙，深感联结父母和孩子的不是血缘，而是爱的坚固纽带。的确，爱无国界。

我和收养结缘

事情是从我28岁时开始的。当时，我作为一家知名出版企业的律师，已工作了六年。舅舅当时是西班牙一家电视台的董事长，给我打了电话。他了解到中国有很多被遗弃的女婴需要家庭，于是决定收养一个，又想到我是家里唯一的律师，能帮助他。他的决定令我惊讶，对跨国收养我还没有任何经验，但年轻气盛，还有帮助一个女孩改变命运并找到一个出色家庭的梦想，促使我立即开始工作。

当时，我还不太清楚应该从何处下手。我给西班牙有关部门打了电话，他们说也没有到中国收养的经验。于是，我联系了中国驻西班牙的大使馆。他们很热情，提供了中国《收养法》的文本，这样我就能开始研究收养程序了。但我很快发现，从西班牙开始是什么也做不成的，没再多想，我决定亲自到中国找当地的主管部门。1995年12月2日，我第一次前往中国，从此我无数次地到中国去，中国已是我的第二故乡。

中国主管收养的部门惊讶万分地接待了我，当年，到中国的西方人不多，到中国要办理跨国收养就更少了。因此，事情也就没那么容易了，但我并不气馁，坚持着，谈了一次又一次，直到对收养程序和文件有了清楚的了解，弄懂了办理收养手续的必要条件。此外，我还得到了西班牙驻华大使馆的支持，回国后，夜以继日地准备文件，与中方沟通，我的努力很快就有了回报，没过多久我们就收到了一名8个月女婴的安置文件，文件上有孩子的小照片，那红色背景前的小脸蛋总是浮现在我眼前。

还没来得及弄清领养孩子都应该做什么事情，我和舅舅一家就出发了。梦想和激情让我们感觉不到天气的刺骨严寒，外面是漫天大雪，但是心里却兴高采烈。我们在饭店的大厅紧张地等待着，保育员把脸蛋冻得通红的孩子抱了过来，孩子瞪着眼睛，不明白到底发生了什么。我们在中国办理手续期间，孩子就慢慢适应了，健康状况也逐步得到了改善，父母无微不至地照顾，让她原本无力的肌肉逐渐有了力量，小脑袋也慢慢地抬了起来，在关爱与呵护下绽开了笑脸。她叫珍妮霏，如今已出落成一个漂亮的大姑娘了。新家庭的关爱让她健康地成长，收养让她有机会幸福地长大成人。她会西班牙语、英语、法语和汉语，成绩在班里名列前茅，也得到了朋友们的喜爱。我最喜欢的是我们见面时她投来的微笑，收养过程中的许多美好细节，我永远铭记在心。

帮助舅舅收养了珍妮霏后，西班牙政府部门建议我创办一家收养组织，但我刚刚在工作中得到提升，美好的职业前景展现在眼前，这种情况下是无法兼顾收养工作的。然而，随后发生的一件事改变了我的人生，或许也改变了成千上万的家庭和孩子的命运。

当时，我正处于无比幸福的感觉当中，盼望了很长时间，我终于怀孕了。为迎接孩子的到来，我们准备了好几个月，为孩子买了小衣裳，布置房间。但是过了六个月，事先没有一点征兆，孩子的心脏突然停止了跳动，我们的幸福和梦想也随之终止了。在医院康复期间，我想到了收养，我应该把需要家庭的孩子接到家里来，而不是只想着亲生的孩子，于是我决定成立一家收养机构，以帮助更多的孩子进入家庭。1997年2月6日，爱儿协会成立了，同年11月，我第三次前往中国，得到了中国收养中心的确认，我们协会成为西班牙第一家在中国从事跨国收养的组织。

由于西班牙和中国专业团队的努力工作，特别是在我由衷钦佩的中国收养中心全体工作人员的大力帮助下，我们协会逐步成长壮大起来，如同我的家庭一样。那次令人悲伤的事件之后，我有了三个亲生的孩子。

中国的收养一向以严谨有序而著称，收养工作进行得很顺利，而且秩序井然。我们的工作主要是准备收养文件，对家庭进行培训，让他们了解中国的国情和文化，了解未来的孩子情况。所有孩子都有得到家庭照顾和爱护的权利，跨国收养就是让这些孩子被剥夺的权利得以恢复，能够在家庭的关爱下幸福地成长。

我和萧

我曾多次访问福利院，总能看到一些有残疾或生病的孩子，由于不符合大多数家庭收养健康孩子的要求，他们被收养的机会很少。其实这些孩子和其他孩子一样，也需要关爱。因此，我们通过中国收养中心的“绿色通道”，开展了收养特需儿童的工作。这让我有机会领养了“萧”，也进一步认识到被收养的孩子能够在无条件接受并爱护自己的家庭得到尊重和关爱，这些孩子都有一个要圆的美梦，那就是找到一个拥抱他们、时刻关爱他们的家庭。

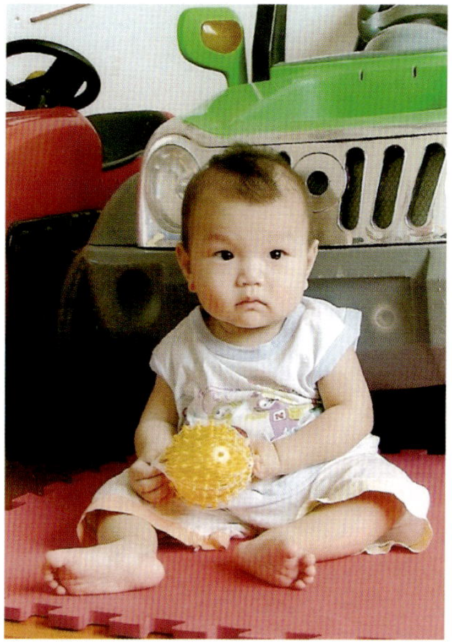
小时候的萧

收养的想法，从我第一次怀孕就有了，但我们的三个亲生孩子一个接着一个出世了，连续十年陷身尿布和米糊当中，连喘息的机会都没有。我们开始特需收养工作后，从中国寄来了第一批孩子的文件，萧就在其中。看到他的照片，我的感觉难以表述，他可爱的样子让我的心为之一震。直觉告诉我，收养开始的时刻到了。我给丈夫打了电话，约他一起吃饭，还带去了孩子的文件。丈夫很高兴，他特别喜欢孩子，一直都想收养一个。当天下午，我们就告诉了孩子们，说家里要来一个小弟弟，生下来左手只有一个手指，还给孩子们看了他小手的照片。孩子们都很高兴，问我们何时前往领养。

我们和其他收养家庭一样，办理收养文件和手续复杂而漫长。每个周末，全家人都聚在一起学汉语，为了是到中国后能够与萧沟通。我们设法了解如何改善孩子手的功能，在萧到家后请西班牙最优秀的专家为他进行治疗。手术很复杂，要将自身的脚趾移植到手上，还需较长的康复时间。这时的我需要全力以赴地照顾孩子，因此就毅然放弃了从事了二十年的律师工作，专心照顾萧和他的哥哥、姐姐，一心一意从事爱儿协会的工作。2006年6月，正值中国收养中心十周年庆典，我们全家前往中国，领养我的儿子——萧。

现在我无法想象没有萧的生活会是怎样的，作为亲生孩子和收养孩子的母亲，我虽不曾怀胎十月生下萧，但孩子们之间是没有任何差别的。萧让我体验到，生活最重要的是彼此间相互拥有、相互支持、相互照顾。萧不仅拥有爱他的父母，而且还有喜欢他的哥哥姐姐。

我常常读到收养家庭叙述自己收养经历的美妙故事，但很少有从故事的主角即孩子的视角来讲述的。因此，我以萧的名义写了他的故事，献给萧并衷心感谢所有令我们家庭幸福的人们，以此证明参与跨国收养的主管部门和专业人员所开展的工作是多么重要。

萧的自述

妈妈说见到我的那天，快乐仿佛微风一般吹进了他们以及所有认识我的人们的生活当中。

我记不清是怎么到福利院的。据说一位行人发现了我，当时我穿着浅色的小花袄，旁边还放着一包衣服。那人将我交给了当地警察，而警察又将我送到了福利院。后来，我被送到了一位老奶奶家，由她专门照顾我，直到有几个人来领养我，他们的样子像外星人。那天是2006年6月23日，它彻底改变了我的生活。

那天潮湿炎热，我一早就醒了，满头大汗，脸上热出的疹子刺痒难忍。老奶奶动作怪怪的，说话轻声柔语，但声音似乎有些忧伤，她给我穿上了最好的衣服，还穿上了只

非常疼爱萧的哥哥姐姐们

有在重大场合才穿的塑料凉鞋。起床后刚喝完牛奶和稀粥，我就和另外两个人一起坐进了汽车。

几个小时后，我进了一座简陋的灰色办公楼，两个“外星人”带着三个小孩儿正等着我，他们的样子真是太奇怪了，看到他们我吓坏了，放声大哭起来，紧紧地搂着我的福利院阿姨。福利院阿姨哄我说别哭了，这就是你妈妈。我惊呆了，不明白到底发生了什么，我依旧使劲地哭，惊吓之中，我尿了那“外星人”阿姨一身，但她好像并不在意，还不停地安慰我、吻我。

最后，那三个“外星”小朋友拉着我的手，我终于安静了下来，和他们一起上了等候在外的汽车。他们说的话我一点也听不懂，让我犯迷糊。叔叔和我玩的时候，给了我一块好吃的糖果，我明白了他虽然长得和我不一样，但对我很友善，就像我在福利院叫做“妈妈”的阿姨那样。过了不久，我们下车来到一座大楼前，那里有个大房间，地上摆着各种各样的玩具，我又惊又喜，开始和三个小朋友玩起来，玩球、玩车、玩鼓……真是太棒了！

玩了一会儿，那位阿姨把我带到另外一间屋子，一面温和地和我说话，一面小心翼翼地把我的衣服脱下来，然后一下子把我放进一个盛满水的大池子里。我还从来没有到过有这么多水的地方呢，一下子就慌了，但又觉得挺好玩的，涂在身上的液体和油脂滑溜溜的。在水里玩了一会儿，阿姨把我捞起来，给我穿上了准备好的衣服，还给我梳了头。

下午，我们又钻进同一辆汽车，回到我最初认识他们的那座灰色楼房。而现在，我担心的是另外一件事，我会不会再也见不到这些怪人了？我喜欢他们带给我的一切，喜欢那些玩具、喜欢玩水，还有午餐时吃到的那些好吃的，但我怎么才能说明白呢？这时，我想起了阿姨，她每次出去之前，都要背上装着给我的糖果、零食、玩具的那个小包。于是，我有了主意，没再多想，我就走近阿姨坐的地方，把包放到她的肩上，拉起她的胳膊。刚开始，我觉得她没有明白我的意思，但我拉了她几次以后，她激动地望着我，让我坐到她的膝盖上，紧紧地抱着我，让我安下心来。办公室有很多人在处理文件，等我拉着他们的手走出那座灰色楼房时，我已经有了爸爸妈妈、哥哥姐姐啦！

没过几天，我们又钻进一个大鸟一样的机器，这就是飞船吧？哥哥告诉我那是送我们回家的飞机，但我一点也不喜欢待在这个机器里。折腾了半天，我终于在妈妈的怀里睡着

布兰卡家的美女帅哥们

了，沉浸在美妙的睡梦中。

飞机落地后，我们走了出来，一个完全不同的世界突然展现在眼前。我们走过几条走廊，又穿过几道门，突然，我看到了许多人在等着我们，他们叫呀、跳呀，还向我们鼓掌，拥抱我们，亲吻我们，这些人都是谁呀？我还是什么也不明白，任由爸爸妈妈、哥哥姐姐带着走。我从未有过这样的感觉，爱的坚强纽带将我和他们联结在一起，我将慢慢学会理解这些变化。

在我的记忆中，没有任何人像妈妈那样拥抱我，理所当然要充分利用这个机会补偿我错过的一切。我拥有了她的关爱，不愿和任何人分享，更不愿和哥哥、姐姐分享。他们走近前来，我就把他们挡住，说这是我的妈妈。他们虽然也是孩子，但还是耐心地向我解释，他们说得不错，她也是他们的妈妈。

刚到西班牙不久，他们就带我去海边玩。蓝色的大海令我恐惧，只有紧紧地抱着妈妈，我才敢下海。但我很喜欢海边的沙子，和哥哥、姐姐还有朋友一起用沙子堆城堡，还能玩玩具跑车。妈妈说，在沙子上行走能让我的双腿更有力。所以，我再也不像以前那样东摇西晃，也不摔跤了。

除了会叫爸爸、妈妈，我还开始学习说出哥哥、姐姐的名字，也知道我的玩具和喜欢吃的东西怎么说。真不容易呀，要学怎么说，还要重复来重复去，说对了大家都很高兴。这样，我慢慢开始会说我想干什么了。现在，我最喜欢说的西班牙语单词是“汽车”和

"午后点心"。

夏天很快就过去了。一天早上，爸爸妈妈给我和哥哥姐姐穿上了同样的衣服，送我们来到一座大楼前。他们陪着我向一个房间走去，里面还有其他小朋友和我穿着一样的衣服。有位阿姨在门口等着我，和爸爸妈妈亲吻拥抱后，阿姨拉着我的手走了进去。这一天，我过得很愉快。哥哥姐姐不时过来看一下，我一点也不觉得孤单。下午，送来了酸奶等午后点心。老师批评我了，因为我不知不觉拿了三份酸奶，不一会儿就吃完了。怎么才能让他们明白，"午后点心"可是我最爱吃的东西呀！

到了西班牙，也不是什么都又好玩又开心的，我必须学会安心地睡觉，还要学会勇敢地承受那复杂的手术，让我天生只有一个手指的左手通过脚趾的移植，变成能正常生活的手、神奇的手，就像我妈妈说的那样。因此，妈妈让我去医院住了好几天，周围都是穿着白大褂的人，不让我动左手。幸亏有爸爸妈妈的陪伴和关爱，我才度过了这艰难时刻。这如今几乎已经忘怀的时刻，让我能够像其他孩子一样扣扣子，系鞋带，打网球，还能干许多事情，让我的生活和哥哥姐姐一样正常。

还真是不容易，在爸爸、妈妈的教育下，我慢慢地明白了我的眼睛和面孔与哥哥姐姐的不一样，因为我来自一个伟大神奇的国家，这个国家有数千年的历史，我和这个国

全家来中国旅游

全家福

家息息相关，我为此自豪，为我的出身自豪。因此，我像哥哥、姐姐那样，除了在国际学校学习英语和法语以外，还学习中国的语言和文化。

然而，这一切当中最重要的，也许还是被收养对于我的重大意义。这是一个机会，被一个家庭关爱、保护、尊重，这个家庭无条件地爱护我，妈妈说这个家庭直到2006年6月23日那炎热的一天才变得完整，那一天他们去领养我，让我的未来充满了关爱与希望。

作者：西班牙爱儿协会　布兰卡·鲁迪亚（收养母亲）

大手牵小手

我们于2008年4月第一次向美国的收养机构提出收养申请。我们知道申请时间会比较长，所以在等待的过程中，我们讨论过收养特需儿童的方案，担心孩子的病残情况超出我们的预期，于是我们不断搜索收养特需儿童的信息，查询可以利用的各种医疗条件，并且酬备医疗费用，最后，终于把一切准备妥当了。

我们经常对自己和朋友们说，收养的孩子与亲生的孩子没有什么区别，无论发生什么情况我们都会爱自己的孩子。怀着这样的想法，我们去达拉斯参加了一次等待收养儿童的研讨会，我们见到一个安有假肢的孩子，听了他母亲讲述的故事，以及他们在中国所经历的各种事情。收养机构的工作人员在旁边回答了很多问题，讲了许多我们关注的事情。会上澄清了很多问题，包括申请步骤以及收养可能对我们现有生活造成的影响。

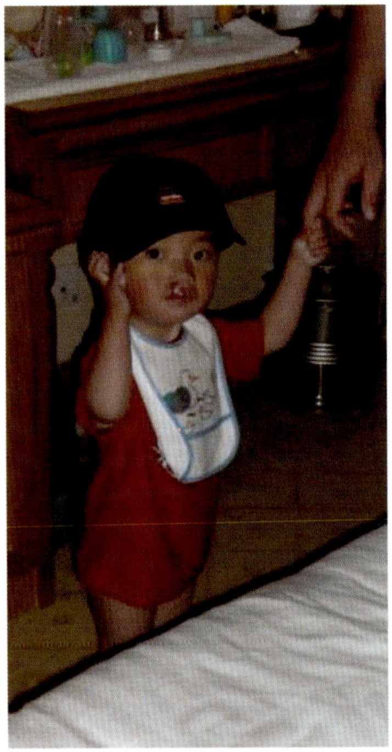

在中国，初见永胜

在研讨会上，有人提到收养特需儿童，很多申请家庭长达几个月到一年都没有被选中。上网搜索了很多资料并在阅读了研讨会相关文章之后，我们决定申请收养特需儿童，随后在“网上在线”提交了申请，当晚我们带着希望入睡，盼望能尽快找到我们的孩子。

在提交申请的次日早晨，我们意外发现自己已经成为预收养父母了！我们浏览了收养机构发来的孩子资料，这是中国收养中心特需儿童网上委托系统刊载的儿童信息，里面包括了孩子的体检资料和其它一些文件。我们看到的照片像是孩子几个月大时拍的，孩子面露笑容，眼睛很有神，且充满了好奇。他来自山区，这是我们非常喜欢的，我们有长远计划，希望以后生活在山里，看样子属于我们的孩子已经来了。

事情发展得太快了，我们必须在短时间内作出决定。我们打电话到达拉斯儿童医疗中心的国际医学专家办公室，李兹·瑞纳很快就通过电子邮件和电话将所有事情安排妥当，然后我们把孩子资料发给他们进行审查，并且与儿科医生预约了一次电话咨询。

然而，事情变化很快，我不知道收养机构的员工在那段时间内有没有睡觉，但是我可以肯定地告诉你，他们花费了无数个小时和无数个不眠之夜，希望能通过不懈的努力为每个孩子找到家庭。一天之内，收养机构的斯蒂芬妮给我打过无数个电话，发过无数封电子邮件。但是最后我们得知，这个孩子已经被其他收养机构的家庭预收养，他找到了家庭。

于是，我们又回到原来的生活轨迹，继续等待孩子。同时斯蒂芬妮告诉我，在我们浏览资料的时候，如果有些孩子不适合我们，他的医疗需要我们满足不了，千万不要内疚。斯蒂芬妮劝我们，一定要保证我们确实能够为有医疗需要的孩子提供帮助。

我们还是时常想起那第一个孩子，尽管他已经不属于我们，连我们自己都说不清为什么他对我们有这么大影响，我们取消了与医生的电话预约，等待着事情出现转机。短短几天之后，那个眼中蕴涵了无数寓意的男孩又回来了！我们的孩子又出现在了预收养名单中！没有任何犹豫，也没有向医生作任何咨询，我直接对斯蒂芬妮说，我们百分之百要这个孩子。做完决定之后，一切都快速运转起来，我们开始准备收养过程需要的很多资料。然后我们才与医生电话联系，主要是为了保证我们收养后的医疗和养育计划能够顺利进行。

一见面永胜就与爸爸西恩很亲近

现在让我来讲讲我们的这个孩子。他的名字叫永胜。有一天当我父母叫永胜的时候，发错音，我丈夫开玩笑脱口而出“Yogi”（发音与永胜很像，但意思是瑜伽），永胜就这样有了一个英文名字。我们在2010年1月被通知预收养成功时，他只有16个月大。永胜患有三度唇腭裂，一直没有矫治成功，他在3个月大的时候被遗弃在当地一家医院。中国收养中心征求我们意见时，我们得到了他的最新照片和近况，他看上去很健康，医生也说他很健壮，他大多数时间是在寄养家庭中度过的，得到了很好的照顾。

现在，你们肯定想知道接下来的事情，我们跳过细节，直接说结果吧，我们等了六个月之后起程去中国接我们的孩子，永胜从他所在的山区来到了省会城市，那天是7月4日，永胜的生日是9月11日。这是多么值得纪念啊！我们的“9·11”宝宝在美国独立日7月4日正式加入了我们家！

如果你还在收养申请阶段，你可能已经读过一些关于收养的书并且做好了心理准备，书上会告诉你，收养的孩子一般会与母亲更亲近，与父亲之间的关系就没有那么亲密了。这些事除非你亲身体验，不然你不会有体会。一见面，永胜不是和我，而是和我的丈夫西恩马上亲近起来，这多么有趣而且不可思议啊！还有一点我强烈推荐，不管你的孩子是否有医疗需要，一定要向陪同和孩子的保育员询问一下孩子的情况，而且一定要遵循收养机构的建议，事先列出所有你想问的问题。在我们去中国之前，我就准备了一份问题清单，并且给答案预留了空格。在旅途中，我定期拿出问题清单，随时添加上新的问题。我敢确定，如果我没有提前准备这份清单的话，我当场会忘记问很多问题，虽然有些问题非常简单，诸如睡觉用的婴儿床，以及喂养、用药禁忌、病史、如厕习惯、言行举止、玩耍等等。通过这种交流，我还意外得知了他的小名，我们的陪同在这份列表上用汉语写了一些孩子的基本情况。

永胜总爱粘着爸爸

现在，让我们把话题转到永胜身上，他的小名叫“永永”。我知道在中国很多人都这样叫自己的小孩。他确实是一个可爱的小男孩，他经常微笑，除了唇裂，他非常健康。他并不是那么敦实，看上去有些消瘦，但并非营养不良。不知道是谁看护他，他的身体状况非常符合他的年龄，真的很了不起！非常感谢照顾他的保育员和寄养家庭！我们原本以为永胜因为唇裂只能吃流食，其实他已经学会吃饭了，除了坚硬的食物外，永胜可以吃任何食物。

我们唯一需要应对的问题是，由于他的唇腭裂问题，他吃的东西有些要经过鼻子，我们要用一个棉条和瓶装水，保持他鼻腔的清洁。对这个问题，我们拍了一张照片并且用电子邮件发给美国医生。她马上给我们回电话，告诉我们这一切都像预想的一样，很正常，让我们按照这种做法去做就可以了。

周一的时候，我们要完成收养的最后步骤。这一天还有很多事情要办，我们必须带永胜拍护照照片，在离开酒店房间的时候，他开始哭，当我们走到电梯的时候，我想到一个办法，我们的房间在17楼，我们抱着永胜一边走路一边摇晃，不去坐电梯，而是去楼梯。这个办法果然奏效！仅仅走了一两层，永胜就安静下来了，哭声越来越小。在到达底层的时候，他已经不哭了，他就像胶水一样，一路黏着我丈夫。

永胜发育很好，调整得也很快，医生原本以为他会因为唇颚裂而营养不良。所有收养手册上提到的问题我们都考虑到了，他有三度未修复唇颚裂，而且已经快两岁了，他的上唇是裂开的，小舌在嘴两边被分成两半，右侧唇单方面分裂，鼻子也在同一侧拉起。

还记得吗，我曾经说过非常感谢他之前的寄养家庭对他照顾有加，下面就是几个例证。

除了唇裂的问题，永胜吃饭很好，这需要他自身以及寄养家庭的努力和耐心。他已经不使用尿布了，他知道需要的时候自己到厕所去，他会问我们如何使用马桶，并不因为环境改变而变得害羞、不敢讲出自己的需要，多棒的永胜啊！永胜和我们都不喜欢在酒店待着，他喜欢溜达，于是我们每天都会到外面逛逛。看来，肯定有人定期带他遛弯。直到今天，他还喜欢双手背在背后遛弯，特“有范儿”！

他的适应能力非常惊人，从对他称呼的转变就可以看得出来，我们几天来一直叫他永永或者Yogi，之后他就很快对Yogi的发音作出反应。谁知道这么偶然的一个名字真就起作用了，他很快就理解了我们所说的话和动作。

永胜像其他孩子一样，对任何规则都乐于遵守。我们不会因为怕惹他哭闹，就对他特别宠溺或者对他放松要求，这对帮助他适应非常有好处。在外面吃第一顿饭的时候，我们教给他怎样做，他学得很快，在座位上坐好，双手在前面交叉，向我们展示一个“好孩子”的姿态。两天后，他就自觉地按规矩做了。

在中国的时候，很多人注意到永胜有明显的外部缺陷，但是他们的回应都很热情，大多数人都喜欢停下脚步，与我们交谈，即使他们的英文并不是很流利。他们喜欢用手势和

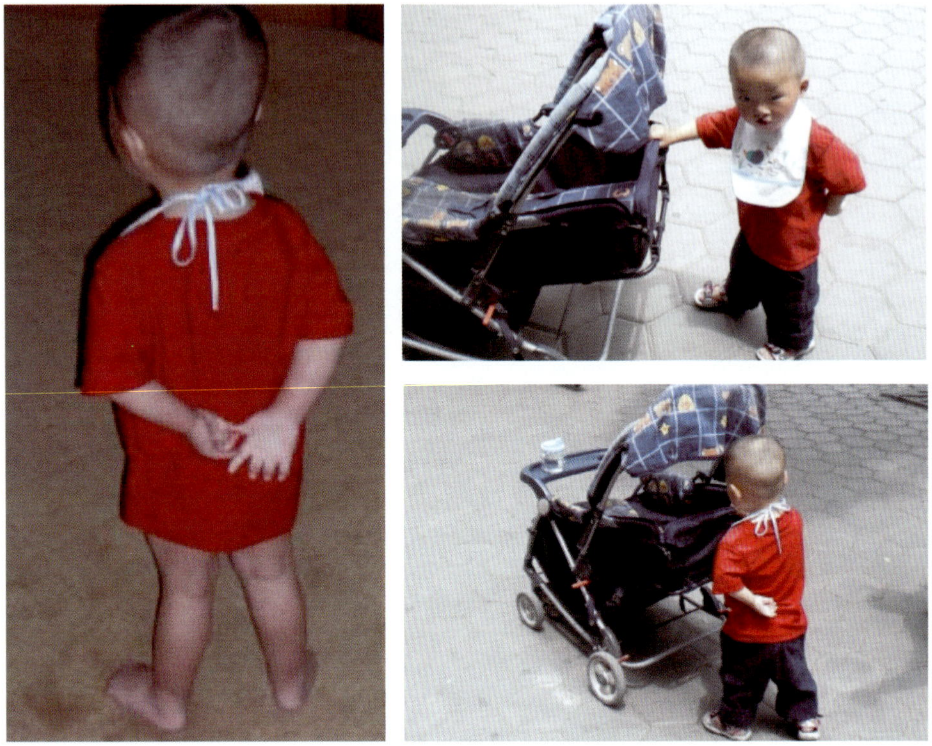

永胜喜欢双手背在后面遛弯

我们交流，在我们经过他们身边的时候，年轻人经常向我们竖起大拇指。有一次，我们在一个公园里坐着，我们的陪同与身边几个好奇的女士聊天，他后来向我们解释，她们认为永胜除了有唇腭裂这个缺陷之外，其他方面都非常出色，他有着英俊的外表和小老虎一样炯炯有神的眼睛。

下面聊聊我们回到美国的生活。回到美国后，永胜见了好几个医生，包括医学专家、耳鼻喉科以及颅面部外科医生。根据医生的建议，我们决定立即手术。十天后，永胜做了唇部矫正手术。永胜非常勇敢，手术醒来后，自己就起身去洗手间上厕所，第二天我们就出院回家了！

我很难在此一一描述。永胜真的是一个适应能力超强的男孩！他在两岁前，已经经历了多次生活环境的变化，他患有唇颚裂，从医院被送往福利院，然后进入寄养家庭，最后生活在一个环境彻底不同的国度。

一年后，永胜就可以上幼儿园了，这一年来他每周上两次语言治疗课，在成年之前，他每年都要定期去看医生，在他9岁到16岁这段时间内，他不需要再做唇裂手术，也不用再做修复矫正了。永胜的治疗效果非常好，人们甚至看不出他做过唇裂修复术。

我很难想象没有永胜的日子会怎样，如果当初我们晚一天提交收养申请的话，一切都可能发生改变。也许永胜会遇到其他对他悉心照顾的家庭，也许我们还要等待一段时间才能遇到我们生命中的孩子。但是总而言之，收养家庭要对收养过程中一切已知和未知的情况做好心理准备，因为命运是无常的，无论你历经生育或是收养，我们都要面对现实中的一切未知。我希望我所讲的这个故事能够给等待收养的家庭带来一些启示，希望你们的收养之旅能够顺利。

作者：米歇尔·维特利（收养母亲）

如今健康成长的永胜

无声的奇迹

这是四个来自中国同一家福利院聋哑[①]孩子的故事，她们最终相聚在美国密歇根州相距仅一英里的两个家庭中。

温迪和阿瑟·多科特夫妇已经有四个孩子了，1996年他们收养了第一个中国女儿伍安叶，她揭开了这个家庭收养奇迹的序幕。

一天，温迪给美国国际中华儿童服务中心的丹尼斯打电话，是有关在特殊需要儿童等待项目[②]中一个名叫友娅的小女孩。在进行了解后，温迪也明白自己的能力有限，友娅是个严重失聪的孩子，除了手语之外她不能和别人正常交流，温迪的家人都不懂手语，但是这个家庭觉得这是上天的安排，在2002年7月，八岁的友娅，现在改名为艾米·林·多科特，与她的新家庭团聚了。

在中国的时候，温迪和阿瑟就被这个叫友娅的孩子深深地打动了。友娅曾经和三个失聪女孩一起生活在一个临时的寄养家庭里，这其中包括友妹，她是友娅最好的朋友，在友娅的所有照片中，两个女孩始终手牵着手，在友娅和她的家人回家后，她并没有忘记友妹。

多科特夫妇的好朋友——查尔斯和伊莱恩·普斯特夫妇，高兴地前来祝贺友娅回家，他们就像多科特家孩子的“第二父母”，这两个家庭相互关爱和尊重。当普斯特夫妇看到友娅的朋友——友妹的照片时，他们就知道这个一脸愁容的11岁小女孩对于他们意味着什么。当友妹出现在特需儿童等待名单里时，普斯特夫妇马上就准备申请材料，收养了这个女孩，现在取名为安娜·美·普斯特。2004年的情人节，友妹来到家里和姐姐们团聚。友妹和友娅这对曾经在中国福利院里的好朋友，两年后终于在美国团聚，生活在相距只有一英里的两个家庭里。

---

① 通常说的聋哑就是听觉与语言障碍兼有的病症。凡出生后或处于幼儿时期便有严重耳聋，不能听到说话的声音，以致无法学说话，或者初步学会说话，又因耳聋重新丧失说话能力者，都叫聋哑症。聋哑人不会说话，并不是语言系统的中枢部分或末梢部分有什么病变，而是由于听力障碍使之失去模仿学习的可能；丧失听到和辨别语言的能力，也就无法自我校正。若还有残余听力，可借助于大功率助听器，早期进行语言训练。全聋者可植入人工耳蜗，配合语言训练、唇读。

② 特殊需要儿童等待项目：指中国儿童福利和收养中心委托外国收养组织为特殊需要儿童寻找家庭的服务项目。考虑到孩子们在医疗康复方面的需要，在程序上予以加快办理，费用上予以减免。

但奇迹没有到此结束！

当友妹回到家后，她和友娅开始祈祷，祈祷她们在福利院里的另外两个朋友——楚志林和阳绍，也可以在美国找到自己的家。友妹在离开中国之前，收到了她的朋友楚志林写的一封告别信。

在信中，楚志林说她也很想有一个家，希望他们可以带她一起回家。伊莱恩再次给国际中华儿童服务中心的丹尼斯打电话，看看有没有可能再收养楚志林。中国的法律规定不满14周岁的孩子才可以被收养，所以普斯特夫妇和多科特夫妇开始和时间赛跑，楚志林和第四个还在福利院的女孩——阳绍，她们还有几个月就14岁了，很有可能永远失去被收养的机会。

友妹和友娅

我们只能说这是奇迹，两个女孩出现在了特需儿童等待的名单上，普斯特夫妇和多科特夫妇在几周之内完成了收养文件的准备，并把文件递交给中国收养中心。鉴于这两个孩子年近14岁，中国收养中心开辟加快通道，以最快的速度完成了审核和选配。最终，普斯特和多科特两家人一起来到中国收养他们的新女儿——楚志林（取名为格雷斯·普斯特）和阳绍（取名为夏默·多科特）。2004年5月10日，在楚志林14岁生日的前三天，她们办理完成了收养登记。

孩子们在福利院中的难忘留影，
左上是友妹（Anna），
右上是友娅（Amy），
左下是阳绍（Summer），
右下是楚志林（Grace）

我们可以想象得到，当孩子们在距离福利院几千公里之外重新组成的家庭中再次相聚时，这四个严重失聪的女孩是怎样的心情。在机场大厅，她们被许多拿着气球和横幅的人们包围着，非常开心，是上天的慈爱之手让她们在如此不可思议的时刻团聚在了一起。伊莱恩和温迪在结束了这次收养旅程后，同时感觉到这样两个幸福大家庭是能够经受住任何风浪的。

一年过去了，四个女孩都接受了人工耳蜗[①]植入的治疗，通过一个戴在耳后的处理器（像助听器式的装置），神经元可以发送信号给大脑，由大脑作出反应。人工耳蜗植入不只是辅助听到声音，而更像

① 人工耳蜗：是一种替代人耳功能的电子装置，它可以帮助患有重度、极重度耳聋的患者恢复或提供听的感觉。

是听力功能重生。就像一个婴儿学会对母亲的声音作出反应一样，并开始有了BABABA的声音回应，所以一个聋人必须学会应对通过植入术接收到的声音。然而这个过程是缓慢的，起初也是艰难的，温迪认为人工耳蜗植入术是给聋哑孩子最好的礼物，这些女孩可以在一个有声的世界里交流，借助这种技术，普斯特和多科特两个家庭变得更有希望，他们希望这个技术可以更加完善。

现在，这四个女孩在聋哑学校里茁壮成长，她们在一个班里，已经融入了收养家庭，拥有非常爱她们的父母和兄弟姐妹。

但是这条路并不好走，温迪知道要想完全弥补这些被遗弃的孩子所经受的心理创伤非常困难。四个女孩在很小的时候遭到遗弃，对这些女孩来说，有时会无法处理好被遗弃的经历，因为她们是聋哑人，无法清楚明白地和其他人交流。伊莱恩知道，一个13岁的孩子第一次拥有家人，出现过度保护自己的情况是很正常的。她建议那些愿意收养大孩子的家庭要意识到同时也要准备好应对这些问题，认真考虑一下如何对这些大孩子进行教育和帮助。

普斯特和多科特两家认为上天没有遗忘那些弃儿，他们不但彼此支持，互相关爱，而且实现了这个奇迹般的旅程，中国的四个女孩在美国团聚了，她们获得了爱、家庭和听力，一个不再无声的奇迹！

温迪·多科特、伊莱恩·普斯特口述；莎拉·哈蒙撰写

友妹　友娅　阳绍　楚志林

阿碧的故事

我们，保罗和佐伊·奥顿很荣幸可以做阿碧的父母。阿碧·奥顿是一个活泼可爱的11岁女孩，她喜欢跳舞、弹钢琴、阅读、玩棋盘游戏，还喜欢参加竞赛，在过去几年里，阿碧赢得了很多次盲文阅读比赛的奖项。现在，我们一家在中国贵州盛华职业学院工作和生活。

一位来自广东的盲女被一对美国夫妇收养，怎么最后在贵州的盲人学校生活呢？

2000年的夏天，一个女孩出生在中国一个家庭，与此同时，我们开始打听如何在中国收养孩子，我们知道很多生活在社会福利机构的孩子需要收养家庭。佐伊在几年前曾经在中国生活过，那个时候她就喜欢上了中国，当时她在中国学习中文，同时还教英语。保罗也喜欢了解不同的文化，这从他在大学选修地理课可见一斑。

当这个小女孩两岁的时候，她被送到了社会福利院，那时她的名字叫宫碧。福利院的阿姨们都叫她阿碧，这是中国南方普遍的称谓方式。阿碧不久就学会了客家方言，这是在梅州一带流行的语言。阿碧喜欢读书，还喜欢玩布娃娃。这时，居住在美国德克萨斯州沃思堡市的我们与美国戈拉德尼收养中心取得了联系。

2004年2月，我们的收养申请资料最终完成并准备向中国提交，我们希望能够收养一名中国女婴。就在等待回信时，我们看到了一个名叫宫碧的3岁女孩的资料，这个女孩喜欢读书、唱歌、视力不好、患有眼球震颤症①。我们立即喜欢上了这个小女孩，并随即咨询戈拉德尼收养中心如何才能收养这个孩子，我们开始着手准备收养特殊需要儿童的申请材料，不久，就得到了收养宫碧的批准，当时孩子快满4岁了。

2004年9月，一直细心照顾阿碧的福利院老师告诉她，一对新的爸爸妈妈将要接她去美国居住了。在去收养登记办公室的路上，阿碧显得非常兴奋，一直滔滔不绝地讲话，她对来接她的爸爸妈妈充满了好奇。与此同时，等待着阿碧的我们却感到非常紧张，不知道自己能否胜任父母的角色。当阿碧走进屋子的时候，她非常安静，好像还有一些迟疑。我们马上把事先准备好的礼物递给阿碧，是一个洋娃娃和一个装满了书和玩具的背包。

---

① 眼球不自觉地、有节奏地震颤，会引起视力减弱、协调困难以及人物识别障碍。

阿碧和我们去一家饭店共进晚餐，在等餐的时候，我们先吃了一点麦片当做零食。当阿碧给我们递麦片的时候，我们都对她说“谢谢”。第二天早晨，当我们同样给阿碧递麦片的时候，阿碧用英文说了“谢谢”，这令我们有些吃惊。阿碧学习英文的速度从未减缓过，如今阿碧的英文中已经带有些德克萨斯的味道了。

第二天，我们一起回到了收养登记中心，完成了收养阿碧的最后手续。当时，福利院的一位阿姨正等在那里向这个可爱的女孩告别。阿碧在玩吹泡泡，爸爸担心地板会变得湿滑而出现意外，于是把装泡泡的瓶子从阿碧身边拿开，阿碧开始哭，而且哭个不停，我们准备去护照办理办公室时，阿碧还没有止住哭声，于是我们开始哄她，经过了几个小时，阿碧终于哭累了。当天晚上睡觉的时候，阿碧爬到我们的大床中间，脸上带着笑容，好像在说，“我终于找到我应该待的地方了！”

在广州的时候，我们所在的酒店九楼屋顶有一个游泳池，那天我们在游泳池玩得很开心。后来吃午饭的时候，阿碧用客家话问我们能不能再一次“搞水”，我们都没有弄懂“搞水”是什么意思，后来我们一起回楼上房间睡午觉，阿碧说她不想睡觉，我们找到了一个会说客家话的人咨询，才明白“搞水”就是“玩水”的意思，阿碧还想去游泳池玩！直到现在，游泳一直是阿碧最喜欢的运动之一。

由左至右：伊莉莎白、妈妈、阿碧、爸爸和莎拉

在办理收养手续之前，我们已经为女儿起好了一个英文名字，并且准备把她的中文名字放在英文名字中间。然而，当我们见到阿碧的时候，我们发现她对自己的名字很自信也很认同，于是我们决定保留她的中文名字，只是在拼写上稍微做了一点更改，她现在的英文名字是Ahbee。

在广州办完收养和移民文书之后，我们还需要在香港待一晚，之后我们一起回到了美国。刚开始的几天，我们一起去逛公园，慢慢倒时差，阿碧和家中的狗渐渐熟悉起来。回到家以后，我们才发现阿碧不仅弱视，而且几乎失明。于是我们与当地校区盲童老师联系，他们评估了阿碧的视力，并且教给她一些技能，以便日后她能够独立生活。

阿碧不愿意独自一个人去陌生的地方，这令我们意识到阿碧的视力问题影响到了她的生活。她需要有人陪着去商店，即使在屋里她也总想拉着我们的手。当她有了一辆崭新的玩具推车时，她便立马走得很快。阿碧的老师布朗夫人建议我们给她买一根长的白色手杖，在有经验的布朗老师的指引下，阿碧慢慢地可以独立行走了，甚至可以在游乐场和人行道上奔跑。即使有时还会碰到一些困难，我们还是鼓励阿碧独立行走，而不是扶着别人的胳膊走路。我们认为通过这样的方式，会不断地提高阿碧在行动上的独立性。

阿碧回家几个星期之后，佐伊也要回学校教书了。我们想安排阿碧在妈妈工作的学校附近上学前班，但是阿碧表示她还没有准备好。于是我们商量让佐伊辞去学校的教学工作，待在家中照顾阿碧，这意味着要牺牲掉一个人的工资，也就是我们家一半的收入，但是家人在一起的时光是不能用经济数字来衡量的啊！

后来我们还是为阿碧安排了我们校区的预备班课程。作为一个英语的初学者，聪明的阿碧很快就达到了预备班的英语入学水平。阿碧所在的班级不是专门为残疾儿童设立的，她需要与很多4岁左右的正常儿童一起学习。除了在班里接受正常的课程外，阿碧还接受了一对一的盲文指导和其他专门为盲人设计的特殊技能培训，这些都要归功于阿碧的老师格拉特夫人。阿碧还接受玛丽·伊略特夫人的一对一帮扶，专门学习盲文录入。在学年结束时，阿碧可以完全像其他孩子一样上幼儿园了。

阿碧的老师建议让她在幼儿园多待一年，以巩固她的英文和盲文，我们采纳了老师的建议，即使阿碧已经掌握了幼儿园的课程。第二年的幼儿园生活给予阿碧很大帮助，她不仅提高了自己的英语口语水平，而且在盲文阅读上也取得了很大进步。阿碧还交了一个好朋友，这个孩子也是从中国收养的。

阿碧参加了幼儿园的盲文阅读比赛，在比赛中，同学们记录自己在一段时间内读了多少盲文页数。阿碧在全年级比赛中得了第一名，她一共读了2609页。在过去几年里，阿碧一直参加这项比赛，成绩经常排名第二、第三。今年，阿碧的成绩是在两个月内读了14051页盲文，这让她当上了阅读小组的组长。她所在的小组共有四个女孩，都是从中国来的被收养儿童。另外一个比赛名叫布莱叶盲文挑战赛，比赛科目是拼写和阅读理解。在2009年和2011年，阿碧冲进了布莱叶盲文挑战比赛的决赛，并且连续两年荣获小组冠军，说她是北美最佳盲文读者一点都不夸张。

阿碧不仅和其他盲童竞赛，她还与其他视力好的同学比赛。比如她今年代表学校参加了小蜜蜂拼写比赛，在其中一个等级的比赛中，她获得了第二名，第一名是一名八年级的学生，阿碧在比赛中表现远胜于来自其他二十八个学校的学生。

随着阿碧在身心和学业上的成长，我们家也在壮大。当阿碧6岁的时候，佐伊生了伊莉莎白，阿碧8岁的时候，莎拉出生了。阿碧喜欢当姐姐，是父母的一个好帮手，妹妹们也把阿碧当做榜样。伊莉莎白和莎拉从来没有把阿碧当做盲姐姐，或者中国姐姐，或者收养姐姐，在她们的心目中，阿碧就是她们的大姐姐，就像其他家庭一样。女孩子们之间有时候会有些小摩擦和小问题，但是她们能够很好地解决这些问题。我们很高兴做这三个可爱女孩的父母。

在这段时间中，我们有一种感觉：我们要去别的国家帮助那里的人们。我们夫妻俩都是受过专业训练的教师，有教学经验，于是我们一直在寻找国外的教学机会，还收集了很多国家国际学校的情况，从苏里南、东京到柬埔寨，但是它们好像都不适合我们。因为阿碧的视力问题，又考虑到她来自中国，我们认为去中国找一家盲人学校应该是最好的选择，但是我们当时不知道有没有这样的学校存在。

今年夏天，保罗偶然读到奈杰尔·伯顿[①]的故事，奈杰尔当初辞去微软管理层的职务，来到中国贵州协助创办光明天使职业学院，而这所学校当时恰好在招聘志愿者，为残障学生和失明学生教授英语。最后，学校认可了我们的教学资质以及我们对阿碧的教育经

---

① 微软公司大中华区副总裁、微软（中国）开发合作部总经理柏尚杰（NigelBurton奈杰尔·伯顿）辞掉百万年薪的工作，带着妻子与两个女儿搬到贵州省，开办了一所盲校。专为视障者开展高层次的职业技能培训和完整的学历教育。

验！我们很快就被录用了。

我们于9月5日到达贵州。之前的一个时期，我们全家都忙着做出发前的准备。我们把在美国的房子挂在市场上出售，将衣物和准备携带的物品打包装好，同时还要把其他不需要的物品都卖掉。我们还拜访了亲朋好友，和他们告别。离开的日子很快到来了，我们登上飞机，飞往中国。

如今我们已经在贵州职业学院生活了将近3个月了。校园很美，位于松林覆盖的山区。在这里生活最美好的事情就是教书。我们的教学对象是一些失明和视力有问题的学生，他们都来自贫困家庭，他们对知识非常渴求，对我们非常尊重，这对我们来说是一种鼓励。我们会继续尽我们所能，帮助他们提高英语水平。阿碧已经开始与这些失明学生交朋友了，她现在非常渴望学会阅读汉语盲文。

作者：保罗和佐伊·奥顿（收养父母）

收养，是我的工作和生活

【文章背景】 本文作者斯蒂芬妮·埃利森（Stefani Ellison）是美国国际儿童之家中国项目协调员，主要负责特殊需要儿童的安置，也是一名收养母亲。从1994年到2006年的十多年间，她先后收养了5名中国特需儿童，大女儿被收养时是一名大龄儿童，二女儿是一名聋哑孩子，第三个孩子有脆骨病（先天性成骨发育不全），第四个孩子右脚畸形，最小的儿子患有严重的癫痫。

我为何从事收养工作

我们有理由将收养看做一种旅程。因为收养是一个过程，是一个没有终点的过程。虽然收养会有结束的时候，但是它带给我们的影响会持续一生。你的观点会改变，你的心灵

斯蒂芬妮·埃利森（后排右二）和她收养的孩子

也会改变，你不再是以前的你了。你不再从头到尾参加社交活动；当你的邻居兴致勃勃地谈论宠物打翻了垃圾桶时，你开始显得面无表情，觉得这些事情都是无所谓的。当你想到一个孩子会因为捐助的些微金钱和御寒毛毯而脸上充满神采时，对物质的追逐和财富的聚集就失去了它们原有的光芒。

当你去儿童福利机构，看到孩子的眼睛时，你的双眼看世界时再也不是以前的样子了。很多人不能理解我们的想法，对于那些理解的人们，我们必须一起坚持，如若不然这个世界将变得冷漠而孤独。我们应竭尽所能，付出所能给予的。

特别的需要意味着特别的爱

1996年，我看到了第二个女儿泰莎的基本信息，她完全聋哑，生活在一个无声的世界里。在圣诞节半夜过后4分钟我收到了批准收养泰莎的通知，那是我生活中最美好的礼物。

1997年1月13日，当我们第一次见到她时，她差不多30个月大。虽然遭受过耳部疾病的折磨，但她有一个健康的灵魂。

泰莎相信我们会永远爱她，照顾她。她有一颗善良的心，有决心和勇气面对在25个月大的时候失去家庭进入福利院的经历，也有勇气面对将要融入一种崭新的家庭生活的现实，她曾经告诉过我什么是真正的英雄。最重要的是，泰莎令她身边的每一个人变得开心，所有认识她的人都可以看出这个孩子懂得快乐的真正含义，她并不是任凭生活摆布，而是自己主动选择该如何生活。她笑得非常愉快，也非常有感染力。我永远不会忘记泰莎在她第一次外出旅行时的眼神，她的脸上一直绽放着笑容！这源于她的个性，但也许来自于她所经历的那些挫折，是挫折赋予了她令人难以置信的同情心和无比善良的个性！她在我哭的时候会给我递纸巾，并且做一个孩子能想到的任何事，来平复一个大人的心情。她非常留意人们身上的撞伤和淤青，并且总是给予安慰的亲吻。

小时候的泰莎

她做了手术，“植入”两个完整的耳鼓，为了防止她的耳部再次感染，她不能使用助听器。当她终于学会了说话时，我们发现她有明显的口吃，不过我相信无论困难多大她都会克服。有一天，当我去学校接她时，三位老师走上来给她拥抱和亲吻，他们告诉我，他们都十分喜欢泰莎，其中一个老师的话永远回荡在我心中，她说：“你是如何这么幸运地得到这个孩子的？”我想我的确是幸运的。

泰莎对那些需要帮助的人总是慷慨地伸出援手，从不吝惜。在泰莎快要7岁的时候,我成为国际儿童之家的协调员，我带她和她的妹妹夏娜一起访问中国收养中心。我们在北京登上了长城，泰莎一直渴望站在中国的长城上，多年来她一直勾勒着那一刻的蓝图。我会永远记住我们登上长城的那一天，终于实现了泰莎的梦想，也找到了她的精神家园。泰莎站在那些古老的砖墙前，拍了很多照片，因为天气炎热，我们决定休息一下，喝一些冷饮，我们坐在遮阳伞下，泰莎看到一个老太太在拾塑料瓶，便产生了浓厚兴趣，问了我无数个问题，“她为什么这样做？她为什么需要钱？为什么我们有足够的时间和金钱而她却没有？”她从座位上起身，开始从一个垃圾箱到另一个垃圾箱，从一个桌子到另一个桌子收集塑料瓶，然后交给老奶奶，这就是优秀的泰莎。

泰莎的近照

后来，我们回到乘坐的巴士，在准备登车时，看到一个干瘦的老人，挨着车靠在他的手杖上，他用一个垃圾袋和一根棍子来收垃圾。我们上了车，泰莎一直地看着窗外的那位老人，问：“他也需要钱吗？”我点了点头，她把手伸进了她的钱包，拿出所有的钱，我又给了她一些，然后她跳下车，把钱交给了老人。泰莎回到自己的座位后，老人步履蹒跚地走到我们的窗口，给了她一个微笑，那一刻他好像成为泰莎的新朋友了。

几天后，我们访问了泰莎出生的城市，更令人激动的是，还参观了她曾经居住过的福利院，见到了福利院的主任和护理部领导，他们带我们参观了1-2岁小童的房间，里面有两个保育员，约20名儿童。有些孩子坐在木椅里，每人一个玩具。泰莎拉着我的手问：“他们的妈妈在哪里？”我回答说：“他们没有妈妈，泰莎，这就是我的工作，我要帮助他们找到爸爸和妈妈。”后来，吃晚饭的时候，泰莎突然说：“妈妈，现在我明白了，我知道为什么你在办公室那么努力地工作了，我不会烦你了，让你好好工作，你需要为他们找到更多的妈妈。”

之后，我们又陆续收养了几个有特殊需要的孩子，现在在等待批准我们收养下一个。我不再害怕孩子有特殊需要的问题，反而特别留意那些在“等待儿童”项目中的孩子们。我祈祷，所有的孩子都可以找到家庭，每个家庭也应该考虑有特殊需要的孩子。据我所知，温暖人心的祝福往往源自磨难，孩子在先天上的缺陷，可以在后天或者精神层面上弥补，这是根据我自己的亲身经历得来的感受。在生活中，我也是一个有“特殊需要”的人，正是我的孩子填补了我的这种“特殊需要”。

能够看见彩虹的男孩

大风暴划过天空，会造成巨大的伤害。但风暴过后，人们可以看到最令人振奋和充满希望的彩虹。风暴不仅会给地球带来破坏，也可能在人的大脑中作怪，当人体遭遇风暴时，被称为癫痫[①]发作，实际上它们可能造成顽强的摧毁作用。但奇怪的是，过后人的心灵往往会出现最令人惊奇的彩虹。

我有一个8岁的儿子，名叫阿蒙（Ammon），他就见过真正的彩虹。他的大脑中充满了风暴，这些电能风暴打断了他的大脑，并且破坏了他的生活，但是他却“看到了”美丽的彩虹。收养了阿蒙后，我对这个世界的看法彻底改变了，其实我一直被充满希望和慰藉的“彩虹”包围着，但是之前我从来没有意识到这一点，直到阿蒙走进我的生活，而且他使我注意到了充满这个世界的各种色彩。

阿蒙可以在一袋大理石中、在泳池和溅起的水花中、在暮色和他的梦想中，看到这些棱镜折射出的美妙色彩。我可以从他睡梦中发出的笑声知道他正享受着那个甜美梦境。

有一天我批评了他，这让他感情很受伤。他的脸皱成一团，并开始哭泣，他一边流泪一边念叨着：“阿蒙的‘彩虹’在哪里呢？在哪里呢？”他心中的“彩虹”能给他带来安

① 癫痫：是大脑神经元突发性异常放电，导致短暂的大脑功能障碍的一种慢性疾病。发病时有突发性精神活动中断、意识丧失、面色青紫、口吐白沫等症状，可伴肌阵挛或自动症，一次发作数秒至十余秒，严重的会持续数分钟。若发作持续不断，一直处于昏迷状态，常危及生命。小儿癫痫发病率较高，对健康有严重影响。可以通过药物和手术治疗。

慰。我希望自己也能像他一样找寻到心中的“彩虹”。

有一天我正在外面办事儿，突然接到学校的紧急电话，阿蒙的癫痫又一次发作了！当我到达学校的时候，阿蒙在激烈地喊叫、抽搐，已经持续了30分钟。我要求给他打第二剂安定，然后把他抱进车里，迅速赶到医院的急诊室，医生立即把我们送进了病房。50分钟之后，借助氧气和其他药物，阿蒙的癫痫发作终于停了下来，风暴折磨着他的大脑，这次持续了很长时间。

阿蒙和爸爸

学校的护理人员吓得颤抖，而且悔恨不已，他们向我保证再也不会让阿蒙荡秋千了。我安慰他们说，这不是他们的错，并向他们讲述了阿蒙的经历。这就是他的人生，但是他理应享受甜蜜快乐的童年，让他荡秋千，让他享受生活吧。

我们是这家医院的常客，当天急诊室来了一名新护士。她问起阿蒙的病史，我们解释说，我们对他前几年的大脑病史所知甚少，因为他很小的时候就被抛弃了。那位护士听后眼睛湿湿地说：“他是多么漂亮可爱的小男孩啊，你做了一件非常伟大的事，每个人都需要得到别人的关爱啊！”

护士的话，我一直记忆犹新，我明白她的意思，我也承认阿蒙现在能够拥有一个家，真的非常幸运。但是谈及关爱，我一直认为阿蒙是一位极好的“老师”，是阿蒙教会了我。阿蒙一见到他喜欢的人，他的脸会立即像广告牌一样明亮起来，即便是5分钟前他刚见过你，也会再给你灿烂的笑容。他在睡觉前要拥抱、亲吻我们每一个人，即使在白天也会无数次这样做。

阿蒙发现美的能力也是惊人的，甚至能够忽略人性丑陋和吓人的一面。有一次，在法庭上，我们正在办理另一个孩子的法律收养文件，一群重刑犯穿着明亮的橙色囚服站到法官面前等待宣判他们的命运。这时阿蒙走到他们身边，热情地拥抱了每个人。我通过这些人的面部表情，知道他们已经很久没有得到过别人给予的爱了。

做阿蒙的母亲是我有生以来最难的一件事情。癫痫损毁着阿蒙

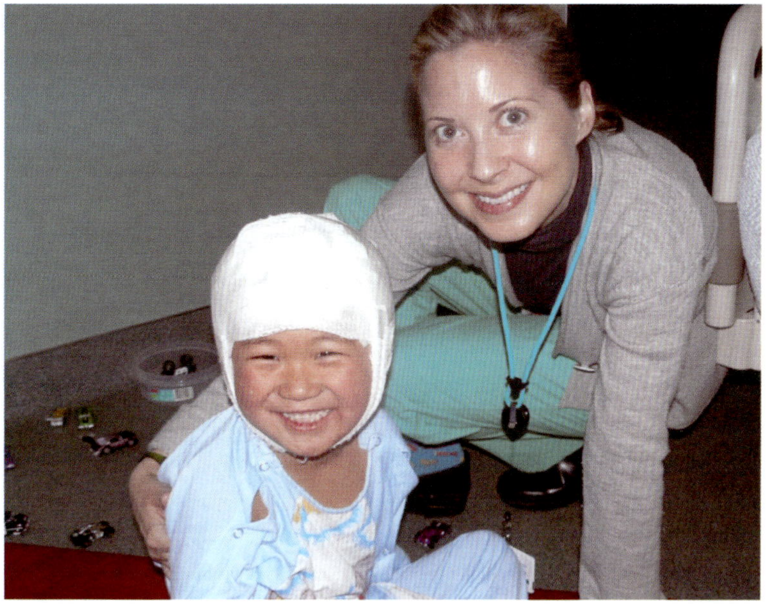

阿蒙和护士

的大脑，他的智商只有两岁，就像任何两岁的孩子一样，他不懂得分享，当他愤怒和受挫的时候，他会发脾气，他不懂得等待，也很倔强，而且有时他根本不讲话。因为他的癫痫和认知障碍，他随时需要看护。他在一所公立学校与其他有特殊需要的孩子们一起参加特殊教育课程，现在，阿蒙可以在正常班级中上音乐和美术课。阿蒙学会了怎么写自己的名字，也学会了数数，我们希望有一天他能学会阅读。

2010年，阿蒙做了手术，医生在他的体内植入了一种叫迷走神经刺激器(VNS)的电子装置，通过迷走神经将电流传导到他的大脑，这样阿蒙的大脑就不会因为寻找电流而导致癫痫发作。每个月我们都要去看小儿神经科医生，医生会调整迷走神经刺激器，我们希望有一天它能够彻底控制住阿蒙的病情。阿蒙每天要吃11粒药片，以控制癫痫发作，但是癫痫还是会不期降临。尽管如此，我们还会积极地努力，不放弃任何希望，只为了心中那道美丽的彩虹。

作者：斯蒂芬妮·埃利森（收养母亲）

女儿是我的半边天

2002年7月，我第一次看到了我的女儿。

记得那天我在办公室里，同事伊娜告诉我来了两位当地民政局的官员。我感觉我的心跳似乎戛然而止，然后突然又疯狂地跳动起来，而且越跳越快，都快要从我嗓子眼儿里蹦出来了。这一刻我已期待了数月，经中国收养中心安排后我将收养一个孩子，这两位官员来访是为了给我提供孩子的书面材料。

在此之前，在我耐心等待的那些日子里，我一直不知道我的孩子会是男孩还是女孩，现在住在哪里，甚至不知道孩子的年龄。在我的收养申请里，我描述了我的期望，但我的命运和某一个孩子的命运等待着中国收养中心的安排，正是他们每天负责在众多等待爱心家庭的孤残儿童与期盼孩子的预收养父母之间架起桥梁，他们承担的是何种的重任啊，他们的工作改变了无数人的命运，为中国最需要关爱的孤残儿童带去了慈爱的父母。

第一次看到孩子是通过一张小小的彩色照片，照片上的宝宝一头短发，眼睛又大又圆，靠在一个大大的泰迪熊上。单看照片很难分辨这个孩子是男是女，也看不出拍照时孩子有多大，甚至不知道这张照片是什么时候拍的。那两位官员微笑着问我，是否愿意收养这个孩子。经过数月的等待，这个决定可要比我人生作过的所有决定都要重要百倍啊！

我尽可能地向他们发问，把能想到的问题都问了，同时却在心里不断地骂自己，怎么偏在这时候脑子发蒙，一片混沌。一切都似乎是一场梦，我已无法思考。两位官员很耐心，还给我看了一些文件。刚开始我真看不懂文件上的那些数据和表格，但是当我定下心来，才明白原来这些都是小宝宝的体检报告和情况简介。体检报告说孩子的发育正常，没有健康问题。而那段简介寥寥几句讲述了我女儿的成长历史，可能这些官员也知之不多，又或者在目前这个阶段，作为临时监护人在为孩子找新妈妈的时候，他们也只准备了这么多内容给我。介绍上说她是个勇敢的孩子，意志坚强，爱笑，胃口好，很显然照顾我女儿的人对她十分了解。如今，女儿已经快10岁了，当年的简介中用到的那些词语至今对她仍然适用。

两位官员等待我是否愿意收养这个孩子的决定，虽然我还没有完全镇定下来，我还是回答，是的！当然了，这就是我的孩子！他们告诉我，明天我就可以去接她。他们说得很简单，但对我而言这是去准备迎接如此重大、即将改变我人生的事情。我的脑子又开始发蒙，在数月的等待中，一切都悬而未知，明天就可以接孩子了吗？我告诉他们我还没做好准备，明天可能不行，我得赶着去准备孩子所需的物品，我真的是什么都还没准备。在那段等待孩子消息的日子里，我不知道我将收养的孩子的性别和年龄，所以就一直没有去买任何物品，包括孩子需要的最基本的用品，例如婴儿床、浴盆或者尿片，因为如果跟我配对的孩子是个大点的孩子，这些东西可能全都用不上。我家里没有任何婴儿服和玩具，因为别人给我的建议是就算配对成功了，也要过好几个月才能等到《来华收养通知书》批下来。可我没想到，由于就住在中国，去接孩子的过程便加快了很多。

现在已经10岁的艾美

不管怎样，我忙着买了很多东西，几天之后我们就出发去接孩子了。我们一行三人：我、同事艾伊娜（由她帮助我建立我的新家庭再合适不过了，因为我们俩的中文名都姓艾），还有我可敬可亲的司机老王。虽然行程便捷，不像国外家庭要经过长途跋涉，但这趟旅程对我来说仍然显得极为漫长。最后，我们终于到达了女儿所在的福利院，它座落在居民楼、商店和市场之中，就是在这里很多人的命运发生了改变。福利院的工作人员抱着一个小宝宝，当我终于第一次抱起女儿时，时间似乎停滞了。她还很小，但很活泼，穿着鲜艳的蓝色裤子、黄色上衣和配套的开襟毛衣，鞋头上有动物的图案……那天，我们拍了许多照片。在收养登记中心签署文件的时候，老王帮我抱着女儿，她在老王的怀里睡着了，就好像她意识到了她已经找到了她的家，一个安全的港湾，可以在这里安然入睡，醒来就将投入新的生活。

从此，不管进入到什么样的新环境，我的女儿都能很快适应，就好像这是再自然不过的了，她的智慧超越了她的年龄。

与福利院工作人员告别的场面十分感人，我们许诺以后会常回来看看。女儿是12月一个寒冷的早上，在一个人来人往的大学门口被发现的，后来我们特意去看了那个地方，感觉不管是谁把她遗弃在那里都是希望有人能很快发现她，并把她带去一个有人照顾的温暖的地方。

从那之后，女儿艾美和我就一直幸福地生活在一起，女儿容易接受新事物、适应新环

2010年艾美在上海世博会上留影

境，容易满足，这些品质对她都十分有益。我们在中国住了4年之后搬去了沙特阿拉伯，在那里女儿体验了完全不同的生活，每周末都去海滩和沙漠探险，皮肤晒得黝黑。后来我们又搬回中国，在上海住了4年，这4年令我们记忆犹新的事情就是在上海举办的为期6个月的世博会。艾美最开心的回忆之一就是从英国馆外景斜坡上滚下来玩，并见证她的妈妈在世博会闭幕时为英国馆领取世博会A类展馆设计金奖。在结束了英国驻上海总领事的任期之后，我们搬到了北京，一起开始了一段完全不同的新生活。

我生活中最大的也是我最珍视的变化之一就是我目前在半边天基金会的工作，我每天都会和一位了不起的女士共事，而她正是促成我对女儿收养成功、彻底改变我一生的人。她在我的收养过程中给予了极大的关心和帮助，我将一生感激不尽。能够领养这个孩子，建立一个家庭，我觉得自己非常有福气，也对赐予我这个宝贝女儿的中国友人心存感激。简单说来，我的女儿就是我的半边天，我的一切。

我们一起开心地探索外面的世界，我一直热爱旅行，庆幸的是，艾美也愿意与我分享旅途的快乐。收养完成几天后，我们就动身去了西班牙。我们的视野逐渐打开了。迄今为止，我们最喜爱的一次旅程是乘火车从伦敦去上海，期间有6天时间是在莫斯科至北京的火车上度过的，这是一列穿越蒙古的快车，我们都开心无比。

艾美和我一样，喜欢做饭。我们喜欢在周末一起烙饼、烤面包，慢慢地我们学会了使用碗碟、筷子，欢声笑语中分享着幸福的时光。她积极活泼、精力充沛。有时候，我们会放慢脚步，慢悠悠地做一些事情，感觉很棒！艾美年龄不大却很聪明，很有智慧。她喜欢艺术及手工艺品制作，参加了一个摄影学习班。我们也喜欢在我们的新家——北京发现一些有趣的事，尤其喜欢在安静的周末骑自行车在大街上兜风，或者坐人力车去三里屯吃晚餐。艾美非常喜爱小动物，过去几年，我们养过一只猫、一只狗、几只小仓鼠，但现在只在租住的公寓里养了几条金鱼。或许有一天，她对动物的热爱会为她开启一条兽医的职业之旅。

我女儿的第一个家在中国，现在又生活在中国，她叫伊莎贝尔·梅·埃利奥特（中文名字艾美），这是她的故事，也是我的故事。女儿在中国生活的最初几个月得到了很多人的关爱和照顾，在全世界有许多来自中国的兄弟姐妹，我希望有朝一日伊莎贝尔能有机会跟他们分享她自己的故事以及她对祖国的热爱。

作者：卡罗琳·玛格丽特·埃利奥特（收养母亲）

艾美和妈妈生活在北京

母女情深

劳拉和女儿艾莱妮

【文章背景】 今年9月，我收到劳拉的一封邮件。劳拉曾是我们戈拉德尼收养中心的一个收养家长，是个身材瘦小、带有几分书卷气的知识女性，走在纽约市布鲁克林区的大街小巷，她的那种平常会极其容易地淹没在那成百上千、来去匆匆的纽约客之中。然而，她那双聪慧深沉的大眼睛和那里散射出来的智慧、坚定和友善，却是那样的与众不同。

1999年，劳拉收养了中国弃婴雪晶，回到美国后改名为艾莱妮。当时，我正好也在国内出差，特意安排时间赶去与收养家庭会合。那次见面时劳拉在养女艾莱妮患病毒性腹泻的情况下显示出来的冷静、沉着和果断，在我脑海中留下了深刻印象，在以后的若干年里，久久挥之不去。

和劳拉一起办理收养手续的家庭一共有5个，5个家庭从福利院的保育员手里接过孩子，进入了和孩子的融合期。这个阶段对于收养家庭来说是非常重要的。大多数的孩子在哭闹后便会安静下来，然后依偎在父母怀里，双手紧紧地揪住大人的衣袖，用一双充满好奇的眼睛观察四周，琢磨紧紧地抱着自己的素昧平生的人。

那一天，所有的家庭与孩子的融合都很顺利。然而，劳拉在经历了最初的激动和喜悦后，迎来的却是极度的焦虑和不安。因为艾莱妮突发病毒性腹泻，接下来的几天里，劳拉紧紧地守候在艾莱妮的小床边，寸步不离地照顾她。在以后的数十天里，这位从未养育过孩子的坚强女子，就此开始了她的育儿之路，没有惊慌失措，也没有抱怨后悔，像一位真正的母亲，泰然处之。

从这封邮件中，我知道了劳拉的近况，她应一家网络杂志的邀请，陆续发表了五十四篇育儿体会。我一口气将所有文章读完。为这位母亲在抚养艾莱妮的过程中所表现出来的细腻真挚的爱而深深感动。正如劳拉在纪念母亲节的一篇文章里写道，“在艾莱妮回家后的日子里，作为母亲，我经受了无数次的考验。当女儿生病时，我也是在不眠之中度过的；在工作辛劳了一天后，还要照顾孩子，我经常累得筋疲力尽，我强忍着不让眼泪流下来。我意识到这也是我不断成长的过程。在这个过程中，我可以犯错，可以彷徨，这个过程给我力量和信心。养育艾莱妮的过程使我有资格说，做母亲不一定要有血缘关系，更多的是把爱融入二人共同的经历。”

下面就是从劳拉五十四篇育儿日记中选取的几篇，让关心跨国收养的人们能通过劳拉母女的故事来了解养父母们对这些孩子的关怀之情和她们多姿多彩的生活。

戈拉德尼收养中心　吴巩展

选择做母亲

和一个像“小老虎”似的孩子一起生活，对我来说，可真不是一件容易的事情，这就是我3岁半的女儿——艾莱妮。几年前的我还是一个无拘无束、自由自在的单身女郎，担任儿童健康杂志编辑，工作之余喜欢去旅行、购物、看电影，这是一种多么美妙而轻松的生活啊，唯独除了一件事，但它却胜过所有，就是我想成为一个母亲。

由于某些原因，我至今单身。通过比较多个国家的跨国收养程序，我最终选择了中国，我所在的布鲁克林区的邻居非常多元化，有不少家庭领养了中国孩子。在填写了厚厚一摞书面材料后，我于1999年7月收到通知书，从那上面得知，孩子是1998年出生的，叫雪晶，属虎。

狮子般的吼叫

我要收养这个孩子的消息传开后，我的生活也随之发生变化。我开始读有关中国占星术的书，里面讲属虎的孩子，天性活泼大胆、喜欢引人注目。当我和艾莱妮结束漫长的中国之旅回到家后，一天晚上，艾莱妮因为时差的关系竟然在凌晨3点钟醒过来，只见她蜷着跪起来，并试图站立起来，一次一次地尝试着，这时已是黎明时分。我突然觉得她是时候学习走路了。慢慢地，大约3个月之后，艾莱妮迈出了她的第一步。

这几天她一直站在石头上，就像狮子王木法沙站在荣耀石上一样——向过往的路人吼叫着。当人们向她微笑，然后问她叫什么名字时，艾莱妮会大声吼叫着说：“我的名字叫狮子，狮……子……。”她管自己的小窝儿叫“狮子笼”。她告诉学前班里的小朋友，说她长大后想成为一名“驯海狮或狮子的人”。18个月大时，她就能熟练地在邻居家的铁架

长大后变得端庄的艾莱妮

上爬，现在的她已经可以用手交错轮换着爬过猴架，有趣的是——在这个仅有40英寸高的游戏屋上，她会用尽全力超越那些五六岁大的孩子。如果其他小孩爬在艾莱妮前面，她就会大叫说：“我才是第一个，”对于赶不上她的小朋友们，她会说：“嗨，你还是个小孩儿呢！”

说真心话，我对身体如此强健、内心充满自信的艾莱妮感到非常自豪，我承认有一阵——尤其是天气又闷又热的那段时间，当我被事情压得喘不过气时——我是多么希望她能说：“嗨，妈妈，今天我们不去游乐场了，咱们去看外国电影或是买漂亮鞋子，或是去外面吃青梅酒和寿司吧！”但如果真是这样的话，她就不是我的“小狮子”了，生活也会变得枯燥无味。

幸运的母亲

几年前在中国的时候，我和自己刚刚领养来的女儿走在街上，过往的路人总会先看看我，再瞧瞧艾莱妮，然后用不太流利的英语说：“是女孩儿吗？”当我告诉他们是女孩时，他们会笑着捏她的小脸，并说“幸运的女孩儿。”好像是在暗指她能被美国人收养实在是太幸运了。回到美国后，我们在一家很好的中餐馆等艾莱妮的朋友爱玛和她的母亲特蕾西来吃饭，这时有几位推着点心车的华人女服务生，围住了我们的桌子，重复着“幸运的女孩儿”这句话。当时艾莱妮快4岁了，因为听不懂她们的话，便用迷惑的眼神看了看我，我内心有一种强烈的感触，于是我礼貌地对服务生说：“谢谢你们，不只是她，我也很幸运。”

让时间停下来吧

有一天，艾莱妮梳着马尾辫，斜背着凯蒂猫午餐包从楼梯上跑下来，我看到她的个子好像高了一点点，不禁深吸一口气：难道她已经长成大孩子了吗？但当看到这个一米高的孩子抱着粉色小兔子围着我转悠时，我确定她还是个4岁的孩子。最近，我因艾莱妮长得这么快而有些失落。

宁静的冬天，太阳刚刚升起，我独自一人穿梭在宏伟的红石间，不禁回想起5年前自己申请收养时的情形。我一直希望成为一位母亲，于是准备了收养申请文件，18个月后，我竟抱着孩子站在中国的登记员前，这一切发生的那么突然，以至于我经常得回忆一下才能确定是否是在做梦。

妈咪俱乐部

我的朋友莫娜于本周收到了来自中国的“征求意见书”，当她打电话告诉我这个消息时，可以从她的声音里听出来，她对这个孩子有多么期待。事实上，当莫娜仔细看“征求意见书”上的孩子照片时就开始想，福利院里是否有人关心照顾他们的孩子，自己和丈夫是否可以不顾SARS的肆虐前往中国把孩子带回家。

听着莫娜讲述她的收养情况，让我回想起当初自己收到艾莱妮照片时的情形。我还依稀记得那天上午有些热，当时我正在上班，当邻居告诉我有一个来自中国收养中心的快件时，我就猜到里面会有孩子的照片和其他相关信息。于是我跳上地铁，迅速跑回家去。

一时间，公司里有很多同事挤进我的办公室来看艾莱妮的照片，这种激情持续了两个半月。当他们说：“孩子长得真漂亮”、“看起来真聪明”和“她和你长得可真像”，我都会眼眶里含着泪水，呆呆地坐在那里。从此后，我便开始随身携带艾莱妮的照片，我有时因为太激动，就开始对着照片说话了。做好当妈妈的准备后，我飞往中国，幻想着那里会有怎样的惊喜等着我。

保持信心

我于1999年8月收养了艾莱妮，自此以后，我对8月有种别样的感情。每年的8月16日（收养关系正式成立的那一天），我都会回想起收养艾莱妮前后那段时间自己激动、担心和焦虑的情景。回首往事，每当想起那股将我和艾莱妮带到一起的神秘力量，那种在我最失落时也能指引我向前的信仰，我都会为之震惊。

这几天，每每想到我和艾莱妮在一起生活的情景，感激之情油然而生，但当重担压在我身上时，我为如何才能更好地帮助、守候、引导和照顾她而倍感焦虑。

困难有时让我们不知所措。我明白只要一步步来——无论事情有多糟糕——我们总会鼓起勇气和充满力量地走下去。

作者：劳拉·博德维（收养母亲）

登顶国会山的领奖者

2009年6月25日，丹尼尔·约瑟菲·克拉克获得了华盛顿地区的国会金质奖章[①]，这是美国国会颁发给年轻人的最高奖项，年仅16岁的丹尼尔是这次颁奖典礼上年龄最小的获奖者，他有幸与来自全国各地的其他年轻人一起经历了这一盛典。丹尼尔之所以能够得到这项荣誉，是因为他坚持不懈、持之以恒的精神。他通过400小时的锻炼达到了身体健康要求，通过200小时的努力完成了个人发展项目，并且做了至少400小时的社区服务和志愿者工作。从2009年丹尼尔获奖时起，他又完成了200个小时的社区志愿服务工作。

凯瑟琳·克拉克（收养母亲）供稿

丹尼尔和其他获奖者合影

① 国会金质奖章（Congressional Gold Medal），简称：国会金章，该奖由美国国会颁发，与总统自由勋章并列为美国最高的平民荣誉。

丹尼尔在颁奖典礼上

丹尼尔获得由国会颁发的国会金质奖章

收养改变了孩子的一生

我们和玉波

我们在2005年从中国收养了玉波，他当时快满10岁了，不会说英文，我们主要是通过翻译和孩子进行交流，同时配合着肢体语言来表达意思。回到美国后，我们给孩子请了中文老师，向他介绍美国的生活。后来，玉波通过在学校里和其他学生的接触来学习英文，进步很快，并多次获奖，成为一名优秀的学生。

玉波热爱体育，参加了许多项体育运动，比如游泳、篮球、足球、越野赛跑、摔跤和田径。他的摔跤教练预言，玉波将成为他们高中第一个得到州冠军的摔跤手。

夏天，玉波还帮他父亲工作，学到了很多有关建筑方面的技能和知识（收养家庭经营大理石方面的业务）。他还参加了驾驶训练课程，并取得了驾驶执照。玉波不仅聪明，还喜欢做义工帮助别人。我们都为他感到骄傲！

喜爱运动的玉波

越野跑步中的玉波

手足情深

我们曾问过玉波对收养的感受，他说：“没有收养，就没有我的家！收养改变了我的一生！”

玉波自己的话

对于10岁那年的我来说，一个机遇降临，一个美国家庭要收养我。我知道自己渴望被收养，因为我想要一种全新的生活、一个更好的选择。对于那个遥远而陌生的外国家庭我有些担心，但是直觉告诉我一切都会好的。

第一次见到我的收养父母时，我的直觉告诉我他们都是好人，因为他们已经收养了两个中国女孩。我的养父母也是我见过的最好的父母，我的姐妹们也十分友好，我觉得进入这个家庭是幸运的。

我到了美国后，在学校里交了很多朋友，特别是瑞安和诺亚，他们对我帮助很多，同时，老师们也很棒，他们用生动形象的方式教我英文，使我觉得英文这种新语言学习起来并不像我想象中的那么困难。在中学，我参加了许多运动项目，比如越野田径，冬天的时候我还加入了摔跤队。运动是我生命中重要的部分，它让我感到有很多乐趣。

我从不遗憾我是被收养的，相反被收养是我遇到的最美妙的事情，它改变了我的生活。

作者：帕特里夏和阿维德·阿顿（收养父母）

用笔传递博爱与关怀的小作家

我们当年决定从中国收养克莱尔是出于多方面的考虑，但我们夫妻双方一致认为有一点是相当重要的，我们能够彻底改变这个女孩的生活轨迹，然而事实上克莱尔也彻底地改变了我们的人生。

在克莱尔很小的时候，我们就预感到音乐在这个孩子以后的生命中会占据重要位置。事实证明猜想是正确的，从二年级起她就加入了科罗拉多州童声合唱团[①]，六年级的时候又成为丹佛艺术学校声乐部的一员。今年秋天她就要升入八年级了，这些年来音乐方面的训练让她受益匪浅，她即将成为一名自信而娴熟的声乐演员。

更值得惊喜的是，去年我们发现克莱尔居然在写作方面极具天赋。在这一年里，学校的写作老师鼓励全班同学都撰写一篇短篇小说，提交给落基山美国电视公司，参加一个

克莱尔近照

① 美国科罗拉多童声合唱团是世界著名三大童声合唱团之一，足迹遍及美国国内46个州，包括在白宫和林肯表演中心的演出，还曾经在中国、英格兰、法国、日本、苏格兰、韩国、瑞士等国家表演过，获得过国家艺术成就奖等多项国内国际大奖。

名叫“小作者写故事”的作文竞赛，这是一个全国范围内的短篇小说竞赛，旨在鼓励青少年保持阅读和写作的习惯。于是克莱尔开始悄悄着手写故事。直到她的这个故事接近完成时，她才拿给我和她父亲看。

克莱尔在这篇文章中所描绘出的盲人姑娘那种深沉而真挚的情感深深地打动了我们，比如说当家人决定搬往另外一个城镇时她的迷茫和失落，以及这一感受引发了她内心怎样的震动等细节。我们当时就认为这是一个特别的故事，但那会儿我们并没有确切地意识到它究竟有多特别，直到几周前克莱尔接到一个电话，我们被告知她的故事《色与盲》获得了七年级组的第一名。

我们将克莱尔的这篇获奖文章一并附上，和大家一同分享这些被收养儿童在美国如何生活成长，他们已经取得了怎样的骄人成绩，以及他们在今后的人生旅途中还将会继续取得怎样的进步。

作者：特雷西·霍夫（收养母亲）

StoryMakers Contest
CERTIFICATE OF ACHIEVEMENT

Awarded this 8th day of January 2011 to
CLARE HOUGH
as the 7th Grade 1st Place Winner in the 2010 StoryMakers Contest;
a short story contest for young authors, sponsored by Rocky Mountain PBS
with major funding provided by the Qwest Foundation

STORYMAKERS
Qwest

克莱尔·霍夫在2010年故事写作竞赛中获得7年级组第一名

附：克莱尔的获奖文章

色　与　盲

我的生活中没有色彩。我的世界是一片黑色，那儿什么也没有。人们总是向我解释什么是颜色，尽管我看不见它，但能感受得到。我可以感觉到色彩，感受到悲伤、气愤、快乐等等情绪，还能体会到我的画笔肆意挥洒时的节奏，嗅到油画颜料掠过鼻翼时那股强烈浓重的气味。绘画是我释放压力的一种方式,每当开始绘画，哪怕只是画上简单的一条直线，我都能感受到自己精神的自由和想象力的奔放。

我的父母从他们相遇的那一刻直至结婚，都在设想如何为他们的孩子取名，我的名字叫安比吉拉，尽管我更喜欢人们称呼我艾比。我的父母希望他们的孩子漂亮，期盼着他（她）拥有他们在这个世界上所希冀的一切美好事物。我知道我的确是美丽的，尽管从来没有机会透过镜子亲眼看到自己的模样，从来不知道它究竟长成什么样子。我也不知道色彩看起来是个什么样子。它们是柔软的吗？它们很精致吗？这些字眼总是不断地在我脑海里盘旋，它们总在我的大脑深处，我有时甚至怀疑自己会脱口而出说出它们。

我十分羡慕，羡慕我们班上所有那些能看到色彩的同学，羡慕我的父母。我更渴望能够看得见，渴望能够感受到大千世界的每一部分。

我在一座维多利亚式的大房子里长大。房子相当的古老，已经有一百零二年的历史了。虽然我曾在那儿居住了长达十二年之久，但常常会在屋子里迷失方向，对此，我感到挺惭愧。一个人在同一个地方度过了如此漫长的岁月后，本该清楚无误地知道每个房间的所在，而不是像我这样，在里面跌跌撞撞地缓慢行走。另外，我还想摆脱那根手杖，尽管一直以来我都依赖它指引我和我的生活，我想要把它摔得粉碎，想在天寒地冻的冬天将它扔进家人点燃的火炉中烧成灰烬。我梦想着能像其他人那样，无论去哪儿都不会绊跌，还能亲眼看见色彩。

我曾经在一家名叫卫斯理的中学上学，在那里，人们对我就像对待一个学龄前儿童那样。那是一所盲校，我在那里一点儿也不感到孤单，相反觉得非常安全。我们学习的课程与所有正常孩子学习的一样，不同之处只是我们必须借助盲文。我是个很好的学生，总是对老师所讲的内容全神贯注。在所有的课程中我最喜欢的是美术。我是我们班上最棒的学生，至少我的老师是这么说的。无论何时，只要开始绘画或是雕塑，我总会全力以赴。美术是我生活中的光亮，有了这束光亮的指引，我的眼前不再一片黑暗。

有一天，我似乎体验了所有负面的情绪：悲伤、愤怒以及沮丧。我尝试通过绘画释放情绪，缓解压力，但却丝毫不起作用。因为我的父母决定搬家，换新房子、新工作，这意味着我也要去一个陌生的新学校。可我不想离开那些和我一起长大的伙伴，因为和他们待在一起我总是感觉舒适惬意，跟他们一起上学我永远不会受到任何伤害，我一点儿也不情愿抛弃现有的一切重新开始，我害怕在新环境遭到嘲弄，也害怕被挑剔、被欺侮。我在房子里笨拙地来回走动着，盯着这间屋子发呆发愣，我抚摸那些纸张，那是我的画儿，我的情感，我猛然抓起它们奋力拽下，向下，一直向下，直到它们散落到坚硬的木质地板上。我尖叫着踢了床边，感觉着脚部受撞击所带来的疼痛，然后站起身冲向窗口，感受那冰冷的玻璃透过指尖的阵阵寒意。我抓起雪球，将它举过头顶再重重抛下，任它坠落、粉碎，粉碎我原有的生活，空气中弥散着我各种情绪的气息，我终于躺倒，大声地哭了出来，为了我所注定要失去的家园、学校以及朋友。

离开那天，我听着音乐，感觉到汽车的颠簸摇晃。待我们驶出高速路后，周围汽车经过的声音明显变小了。我嗅到了山里特有的新鲜空气，还有松针那咸而甜的味道。大家中途下车休息时，我抓起手杖沿着公路向下试着走了一小段。我感到脚下的地面从热而光滑的人行道变成了干燥的、微带刺痛感的草地，空气中弥漫着玫瑰的甜香气息，奔流的河水撞击岩石发出铿锵的声响，蜜蜂在身边嗡嗡哼唱。然后，不远处传来了母亲的呼唤。我缓慢而小心的沿原路走了回去，爬进了车里。

我们最终到达了目的地。我能闻到山间的清冷和夜晚的静寂，一边聆听着蟋蟀的唧唧声，一边磕绊着用双脚试探着找寻回家的道路。我用手抚摸着房屋的边沿，感受它那平滑的褐色原木纹理，我甚至能够听到在夏日微风的吹拂下池塘里泛起涟漪的响声，还有父亲打开新居门锁的声音。一段崭新的生活就此开始了。

现在，住进这幢新房子已经几个星期了。入住之后，我就在墙上贴了许多自己的画作，并且逐渐爱上了这个地方。我会时而外出走上一段长长的路，去熟悉这周围的山峰、岩石、清风以及树木。对我来说，这是一段困难的历程，但人生的旅途不也正是如此吗？尽管在过程中或许存在着挑战，但人生毕竟是美丽的，我已经学会了通过美术去迎接这一切。在我看来，学着依照这个世界的方式前进与你的手运用画笔来做画的道理很相似，皆由人的心灵所指引。正如绘画是美丽的一样，人类的各种情感也是美丽的。

作者：克莱尔·霍夫（被收养人）

滑出人生灿烂轨迹

玛丽·哈沃德于2010年11月15日参加了“冰刀闪耀”杯花样滑冰基本技巧比赛。在大约160名滑冰选手参加的比赛中，玛丽脱颖而出，最终获得了2010年花样滑冰选手最高分奖项。这一奖项对玛丽来说意味着很多，其他选手一年中大部分时间都有机会滑冰，但她所在的学校只有每年4月到10月才有冰可滑。

玛丽在练习空手道

玛丽完成了自由滑5级中的四项赛事，它们分别是：自由式5级必考步伐、自由滑5级单人项目、《风之色》音乐伴奏滑冰、《加勒比海盗》伴奏的艺术三重奏滑冰项目，在四项赛事中，玛丽获得全部金牌。

玛丽第一次接触花样滑冰是在2004年1月，当时她才3岁半。她一直都是阿马里洛滑冰学校的成员，最近一次获得的奖项是自由滑第六名。除滑冰外，玛丽还参加了松涛馆空手道①，并且在2011年5月2日获得了褐色腰带②。

阳光女孩

玛丽在学校成绩一直都是“A”，并且被录入了学校记录，该项目是他们中学开办的一个精英领导项目，旨在帮助他人（新生和他们的家长）熟悉她所在的中学。她还参加了学校为有天赋的精英学生开办的汉语班，并且是七年级管弦乐队的首席小提琴手。玛丽还是她所在教堂的青年团体领导人。她还被潜水教练员职业工会授予了“杰出潜水员”的称号。

---

① 松涛馆空手道是空手道四大流派的一种，源自日本。

② 空手道的白色道服上不同颜色的腰带标示着选手的不同等级。初学者的腰带为白色，通过考试可以依次升为黄、红、橙、蓝、绿、紫、褐和黑色，到达了黑带等级才开始有资格获得段位。

以上是玛丽·哈沃德比赛及获奖（四块金牌）时的照片

今年夏天她还参加了ESL项目[①]的志愿者活动，去帮助那些母语非英语的学生。她能够很快地与别人进行沟通，因为她既是亚洲人，又是移民。玛丽和她的家人在收养旅行之后，又回过中国三次，这能够帮助玛丽更好地了解自己是谁，从哪里来。

2010年8月，玛丽一家在翻译的陪同下到四川旅游，长达19天，这次经历让玛丽对中国有了更多的了解。玛丽还是一位收养活动的“永不停歇的大使”，她让更多人认识到不论是国际收养还是国内收养，很多孩子都应该找到并拥有一个永远的家。

对于她的父母和祖父母来说，玛丽真是上天的恩赐。富有爱心的她甚至还“收养”了一对没有孩子的“祖父母”，当做自己的另一对祖父母。

正如你所了解到的，玛丽是一个成功者，不管什么事，她只要决定去做，就会做好。在她所在的学校和社区，玛丽是一位“名人”，获得了大家的理解与尊重。

文章来自《阿马里洛环球新闻》

附：玛丽在圣诞节写的一封信

亲爱的朋友们:

又一年过去了！我的中学生活已经过去了一半，时间过得真快！一周之前，我被选为克罗克特中学的优秀学生，只有几个同学获此殊荣呢！我还是七年级乐队的首席小提琴手，名列全A名单。在业余时间，我练习空手道。今年夏天，我没有去骑马训练营，而是和爸爸到了中国四川的乡下。此外，我在俄克拉荷马州滑冰大赛中赢得了第一名，妈妈和爸爸非常自豪，除了奖杯，我还赢得了四块金牌。

另外，我还考取了潜水资格证。潜水的课堂作业非常难，需要我们从减压表上计算水面间隔，但是潜水真的很酷，也很凉。我的开放水域资格证是在新墨西哥州圣罗莎的蓝洞获得的。蓝洞是一个直径为60英尺的钟型泉，有81英尺深，里面的水温为16℃（很凉）。爸爸和妈妈本身就是潜水员，帮我拍了几张水下的照片。

这个夏天我们做的最有意义的事情就是在中国度过了整个八月。西德克萨斯大学与我

① 美国教育中心在中国推出的ESL名校奖学金项目。ESL是English as a Second Language的缩写，是国际学生进入美国大学必修的语言课程，也是为将英语作为第二种语言的国际学生设定的英文课程。

爸爸有合作项目的一位教授来自中国的四川，她邀请我们一起去成都看看。为了方便我们交流，她特地联系了一名来自成都的大学生克里斯多作为我们的私人翻译。

克里斯多是我在中国遇到的最有魅力、最乐于助人的朋友。在成都的每一天都过得非常开心。我们没有跟旅行团而是自己出游，克里斯多从学校坐公共汽车赶到酒店与我们会合，然后开始一天的旅行。我们通常坐拥挤的城市巴士或者出租车出行，这样能够更真实地感受中国的风土人情。

在成都，我们去了很多名胜古迹，比如杜甫草堂，紧邻金陵街的武侯祠，在金陵街我买了一条刻字的项链，我们还去了成都大熊猫繁殖基地，那里有很多憨态可掬的大熊猫。我们还去了都江堰，两千多年前，古代中国人修建了这个水利工程，为四川盆地提供了引水防洪灌溉系统。我们还游览了乐山大佛，在满是沙石的窄小台阶路上走了很久。峨眉山和青城山是青藏高原边缘的高山，山路绵延几英里，植被丰富，有很多竹子、茶场，随处散见可爱的猴子。

我们坐动车（时速120公里）向东去了重庆，在长江江边坐上游船，前往三峡。我们在船上晃荡了好几天，认识了一些旅伴，有阿芒达和她的家人，阿芒达来自内蒙古，与我年纪相仿。我给阿芒达看了一些我的照片，她觉得我的生活多姿多彩，而她的生活却比较普通。

我们还去了克里斯多家里做客，她与父母住在新建的房子里（他们原来的房子在2008年汶川地震中被毁）。我走过水稻稻谷堤防，来到她祖父的农场，在那里喂小鸡，去当地市场买乒乓球，之后我们与克里斯多的表亲一起做游戏。中国之行真是有趣，回到家中我一直念念不忘。

冬天，我与父母和朋友在德克萨斯州度过了一个美好的圣诞节，梦想着明年的旅行。

玛丽·哈沃德

写于2010年圣诞节

有妈妈的感觉真好

杰里米实在是一个令人称奇的孩子！他生来没有前臂和双手——这种缺陷对于很多人来说是难以接受的，但是，杰里米却完全不同！他七岁零八个月之前一直生活在儿童福利院里。我们见到杰里米的时候，他是一个活泼好动的孩子，只要他脑子里能想到的事情，他都会马上付诸实施，而且看上去完全不受身体残疾的影响。我相信他以前在中国生活的时候，没有人会对他说“你不行”或者“你算了吧”等等，因为他具有超乎常人的自信，这对于一个身体残疾、精神和心灵也有创伤的孩子来说是很少见的。

当他还是婴儿的时候，就被遗弃了，因此他从来没有得到过爸爸妈妈的拥抱、呵护和关爱，也没有感受过兄弟姐妹之间的情谊，当他来到我们家时，我们全家都希望他能够迈好这重要的一步，融入我们的家庭，我相信这不成问题！杰里米很珍惜爸爸和妈妈。他很快就学会了英文，和兄弟姐妹们也很合得来，很容易就玩在了一起，他向我们展示了他的聪明才智。我们家里已经收养了三名中国儿童，两个十几岁大的姐姐，还有个哥哥，再过几个月，他的大哥就要结婚了。我们在家里对孩子进行教育，因此杰里米不用为努力地适应学校的新环境而担心。

杰里米很享受有妈妈的感觉，妈妈可以在他需要的时候随时提供帮助。在刚到家的几周里，都是我给他穿裤子、袜子和衬衣。一天晚上，杰里米一边说笑着，一边自己用脚打开了他放袜子的抽屉，用脚尖从里面拿出自己的袜子。我继续和他说笑着，但同时观察着他的行动。他用脚尖把袜子展开，用像手指头一样灵活的脚尖穿上了袜子。突然他意识到我在看他，一下子停住了，很害羞地看着我，不好意思地冲我傻笑，因为他发现我已经意识到他可以自己做这些事情！是啊，孩子的心思我能理解，这是有了妈妈后，像其他孩子那样在妈妈面前撒娇呢，自己能干的事也一下子做不了啦。如果没有这次意外的发现，他会一直让我帮他做这些事情，唉，傻瓜妈妈！那个时候他做了很多事情来“蒙蔽”我这个当妈的，我们现在回想起来还会忍俊不禁！后来，为了避免他的这些“小花招”，我还是让他先自己尝试了以后，才会向他提供帮助！

杰里米是一个开放而友善的孩子，从来不咄咄逼人，也很乐意和陌生人打交道。有时候，当其他孩子盯着他的残肢时，他会很害羞也很敏感，但是如果这些孩子看到杰里米能做他们能做的所有事而接纳了他时，杰里米会很快和他们成为好朋友。杰里米刚到我们家时，他的“自我意识”比较强，他会把自己的新玩具和一些特殊的物品藏起来，不许别人碰。经过了大约6-8个月，他开始变得自信了，主动打开自己的背包、盒子，希望能够与别人分享，也乐于分享别人的东西了。

我们给杰里米准备了两套不同的假肢，希望它们能协助他做一些事情，这样他就能够突破限制，有更多的选择和机会，他很快就学会了使用这些假肢。但不幸的是，这些假肢显得很沉重，他戴上后感到很闷热，对杰里米来说，它们不太像协助他的工具，更像是累赘，他不使用假肢，反倒做得更好，于是我们得出了一个结论：杰里米与生俱来的能力，远远超过了他来到这个世界后所拥有的。作为父母，我们从杰里米身上也学到不少东西，不亚于从老师身上学到的，我们的想法是“请赐给孩子两条完美的胳膊吧，让他能够做所有的事！”但是，杰里米好像根本不需要任何外力帮助似的，他可以像其他同龄孩子一样玩电子游戏、任天堂和变形金刚，而且玩得相当好。当他需要两个遥控器时，他会用上臂控制其中一个，用脚控制另外一个。为了方便他洗浴，我们为他安装了香波和肥皂泵，用一个套有垫子的抽吸器附着在浴室墙上，这样可以帮助他洗头和后背。他可以自己穿衣服，除非是带扣子的衣服和有鞋带的鞋子，所以我们尽量给他买一些可以自己穿上的衣服，比如弹力短裤和能够直接蹬上的鞋子。

杰里米的游泳技术很好。他可以从跳板跳入深水游泳，并且毫不费劲地就能游到对岸，他希望有朝一日能成为一名救生员！他最近在学滑轮，并且很喜欢这种运动。他的字写得很漂亮，画画也很好，他铺的床比我们家其他孩子都要好很多。他喜欢打篮球、踢足球，其他孩子喜欢玩的游戏他都喜欢。

他特别喜欢星球大战中的克隆战争，我们经常发现他在与别人进行“佩剑决斗”。去年冬天，他和弟弟一起参加了摔跤比赛，他们都赢得了奖牌，并为取得的好成绩感到骄傲！在比赛中，杰里米的双腿显得格外强壮，虽然教练最初并没有教给这些孩子如何使用双腿。杰里米善于思考和分析，找到了在比赛中赢取胜利的最佳方法。

我们想方设法让孩子们有安全感，竭尽所能让他们感受到，不管发生什么事情，我们永远爱他们。我们教育每个孩子要为别人着想，要善良，要温柔宽厚。其实每个人的心里都有自私的倾向。当我们谈及他们过去遭遇的困难时，他们对经受的磨难非常理解，但是我们绝不允许他们变得自私和冷漠，不管他们遭受了多少困难都不可以。我们从不隐瞒他们的过去。当我们把他们从中国带回来时，他们根本不明白自己还有亲生父母。我们会很积极地和孩子们谈论这个话题，并且允许他们探究自己身世的真相。

杰里米是个快乐的孩子。他对于自己参与的事情，总是尽力去控制局面，在与孩子们的游戏中他是领导者，他正在学习如何照顾别人的情绪，并且分享领袖这一角色。杰里米现在11岁了，上5年级。他每天都能独立完成作业，虽然有些时候仍然需要帮助。

杰里米在中国福利院的时候有一个好朋友，这个小朋友比他早4个月被一户人家收养。这么多年以来，杰里米一直与他的这位朋友保持着联系。两人经常通电话，互送生日礼物、圣诞节礼物，而且每年至少见一次面。杰里米非常看重这位朋友，因为她代表了杰里米的一部分过去、现在和未来。

我们很荣幸能被选中收养杰里米，目睹了他的蜕变，看着他一点点地成长。我们收养的每个孩子都曾经有过伤心的往事，收养为他们打开了一扇门，不管是治病，还是接受照顾和教育，包括个人情感的成长，甚至是有家的感觉，这些对孩子们来说都是实实在在的，帮助他们把过去和未来连接起来。我很难想象假如杰里米没有被收养，他的生活会是什么样子。当有一天他长大成人，他能不能找到一份工作？会不会因为身体残疾而被拒之门外？杰里米向我们展现了一个有活力的、年轻的个体，他肯定会在这个世界上找到他的位置，对于这一点，我一直深信不疑！

作者：坎博格家庭（收养家庭）

保护熊猫的小大使

上小学五年级的麦吉·希福特今年十岁，荣获了2005到2006学年西乔治亚地区教育服务机构组织的“年轻乔治亚青年小作家大赛”四年级组比赛的第二名。麦吉在她10个月大的时候被他的养父母约翰和费斯·希福特从中国带到美国，从那以后，她一直在收集熊猫玩具和有关的纪念品。

上周，当她和妹妹——同样是来自中国的7岁的凯蒂被邀请参加亚特兰大动物园为9月6日出生的熊猫宝宝取名的仪式时，麦吉的生活有了新的目标。

当熊猫宝宝正式被取名为梅兰（MeiLan）或“亚特兰大·佳丽”的时候，20位被亚特兰大地区家庭收养的中国女孩唱起了中国歌曲“熊猫咪咪”，以此来庆祝熊猫宝宝出生一百天，麦吉和凯蒂就是这20名女孩之中的两位。

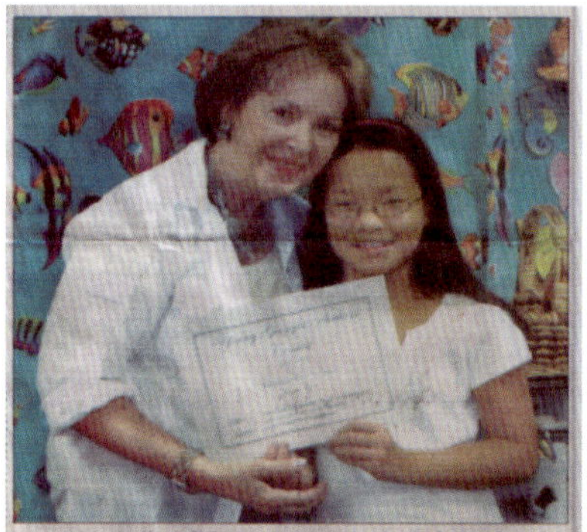
Award-winning writer Maggie Shiffert accepts congratulations from her fourth grader teacher, Judy Davis.

Shiffert wins RESA writing prize

Maggie Shiffert, 10, a resident of Newnan, won the West Georgia Regional Educational Service Agency's Young Georgia Author's Contest for fourth grade for the 2005/2006 academic year.

Currently a fifth grader at Arnco-Sargent Elementary School, Shiffert was notified of her award this past summer. Writing while a student in Judy Davis' fourth grade class at Arnco-Sargent, she had previously won the Arnco-Sargent and Coweta County Young Georgia Author's Contest for the fourth grade. During the 2004/2005 academic year, while she was a student in Teresa Clements' third grade class at Arnco-Sargent, she won the same contest for both the school and the county.

Shiffert's winning entry, "A Special Adventure: Made in China and Loved Forever in America," was a story about her trip to China in March 2000 to adopt her younger sister, Katie. Both girls are natives of the People's Republic of China.

As the West Georgia RESA winner, she was also one of 16 finalists for the statewide Young Georgia Author's Contest for the fourth grade. West Georgia RESA consists of the counties of Coweta, Carroll, Harris, Heard, Meriwether and Troup.

In addition to the fourth grade award, the first grade Young Author's award for 2005/2006 also resides in the Shiffert home. Maggie Shiffert's younger brother, Joseph Shiffert, 7, won last year's first grade award for both Arnco Sargent and Coweta County.

麦吉·希福特获得写作大奖时接受老师的祝贺

“麦吉对熊猫的喜爱源于她的朋友和家人给她买来的熊猫玩偶和玩具。”麦吉的母亲说。这些年来，麦吉一直关注保护大熊猫。“她对大熊猫非常感兴趣。”麦吉的父亲说，“她对熊猫作为濒危物种的地位和位于中国中西部保护基地等情况非常熟悉。”如果你问她长大后想做什么，她很可能告诉你她想成为一名动物学家，研究方向就是大熊猫。

去年，麦吉写了一篇文章——“拯救熊猫”，并起草了一封保护熊猫的倡议书，她打算将倡议书交给中国成都的官员。“她与每个她在动物园能找到的愿意在请愿书上签名的人攀谈，这其中包括游客和工作人员，最终得到了近250个签名。”约翰·希福特说。在仪式之后，亚特兰大动物园总裁丹尼斯·凯利出席了熊猫展览并接见了手拿钢笔和倡议书的麦吉。“我告诉他我想让他在我的保护熊猫倡议书上签字”，麦吉说，“他认为这很好，并表示一定会为保

GEORGIA MUSIC EDUCATORS ASSOCIATION

presents this certificate to

Maggie Shiffert

for participation in the

ALL STATE SENIOR WOMEN'S CHOIR

February 24-26, 2011

GMEA President　　Clinician　　Choral Division Chair

麦吉参加全国高级女子合唱团的获奖证书

护熊猫而签字的。”

希福特一家的故事始于1995年，当约翰和费斯在费城相识并在亚特兰大结婚的时候，他们都已年近四十。“我们是大龄夫妇，无法生育孩子，”费斯说道。

一个朋友帮他们联系上了美国国际中华儿童服务中心。1996年，当亚特兰大举办奥运会时，这对夫妇去中国收养了一个小女孩。后来，是麦吉想要个姐妹的愿望促使希福特一家第二次跨国收养。“我们意识到让麦吉独自成长不是很好，所以我们想再收养一个孩子。”收养母亲费斯说。费斯还告诉我们她曾做过一个梦，梦中她穿越了中国国境到达俄罗斯并见到了两个小男孩，她的梦在不久之后得到了印证。1999年，这对夫妇把约瑟夫·希福特和贾里德·希福特带回了家，他们是来自哈萨克斯坦阿拉木图的6个月大的双胞胎男孩。

然而故事还在继续，几个月后，收养机构与希福特夫妇联系并协助他们收养了另一个中国女孩——凯蒂•林恩•希福特，她只比那对双胞胎大了11天，于是希福特全家又动身去了中国。

上周，姐妹俩为了庆祝亚特兰大的大熊猫宝宝出生一百天而练习中文歌曲时，费斯突然感慨起来："我回想起来觉得自己能做到这一切，实在是不容易，不管收养之路多么艰难，我们始终信念坚定，现在我们为这些孩子们而骄傲。"

作者：唐娜·索伯
来自《亚特兰大宪政报》

跨越生命障碍的强者

在中国的最初几周是我们与扎克相处的适应期。他既不懂英语也不懂普通话，只会讲当地方言。由于无法和我们沟通，扎克显得很着急，有时候他会通过敲打桌子、大喊大叫、试图打碎东西来表达自己的情绪。但随着我们耐心、温柔的交谈和沟通，他开始信任我们，我们之间的关系变得顺畅起来。

快过圣诞节的时候，我们回到了家，带回了家庭的新成员，现在我们有三个孩子了：扎克、泽布和妹妹佐伊。泽布和佐伊很高兴来了个哥哥，他们很快就混熟了，三个孩子之间无话不谈，泽布和佐伊教扎克学英文，教他玩玩具，帮助他适应家庭生活，把扎克介绍给其他小朋友，帮助他学会与他人分享和交流。看到他们三个能相处得这么好，我们很高兴。

扎克是特殊需要儿童，左腿畸形。小儿子泽布也是从中国收养的，他的左腿也有问题。当扎克来到我们家安顿下来后，我们联系到最好的儿童骨科医生来给扎克做检查。

医生检查了一下他后背下方的肿块。自从回家以后，扎克整夜无法入睡，他的腿部总是痉挛，我想确定扎克是不是有更大的潜在问题。医生给他拍了X光、超声波，并且抽了血，医生怀疑扎克的脊椎有问题，建议做核磁共振检查。扎克脊椎和脑部的核磁共振结果显示，他有脂肪性脊髓脊膜膨出[①]，而且还有脊椎栓系综合症。我们的儿科医生帮我们联系到美国有名的神经外科医生，他告诉我们，

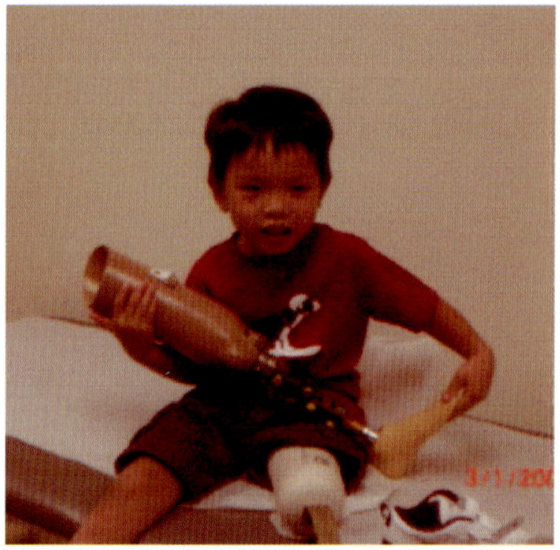

刚刚拿到假肢的扎克

① 脊髓脊膜膨出：由于先天性因素导致椎体闭合不全，脊髓、脊膜、神经向椎体缺损处膨出。脊髓脊膜膨出可以发生在颈后至腰骶部全脊柱任何区，有些并发脑积水，可能导致头颅增大和智力减退。腰骶部的脊髓脊膜膨出多合并脊髓拴系，会影响下肢运动，造成大小便失禁。脊髓脊膜膨出应尽早进行手术治疗。

如果有紧急情况，随时与他联系。我还联系了一位收养医疗诊所的遗传学专家，他在一周内就接见了我们，经过三个小时的车程，我们来到印第安纳波利斯，针对扎克的情况，我们听取了医生和专家的建议，并且想尽一切办法支付治疗费用。

在扎克到美国的第六天，他就接受了手术，缓解了他的脊髓栓。住院期间，他承受了很大痛苦，但这是必须要经历的过程。晚上，当我们要离开医院的时候，扎克很恐慌，医院有一位翻译专门陪着他，但是他还是很害怕。扎克在医院里无法好好休息，他不停地问妹妹佐伊在哪里，当时佐伊在三小时车程外的外婆家。等医生允许我们带扎克回家时，他高兴得跳了起来，想到几个小时之后就能见到妹妹了，他抑制不住心中的喜悦。

扎克经过了一段艰难的手术治疗期，我们几乎每个月都要花费三个小时开车去看专家，他做了几乎所有的检查，一直很勇敢。每次去我们都带上妹妹佐伊，这样扎克会感到踏实和安全。每次我们都必须在医院附近的旅馆住几天，因为化验需要花费几天时间，而医院离家又很远，我们经常带着一些有趣的玩具去。第二年的四月，在扎克的脊椎外科手术恢复之后，医生决定要对扎克的左腿进行截肢。医生告诉我们，他的左腿保不住，而且它给扎克造成了更大的痛苦。4月12日，扎克做了截肢手术，这是我所做过的最艰难的决定，但是扎克显得比我坚强，他的康复能力、勇敢顽强以及适应力都让我为之赞叹。

手术结束24小时后，扎克就回家了。48小时后，他就能来回走动了，好像什么都没发生一样。因为扎克是个顽皮的孩子，为了保护手术伤口，医生给他打了石膏，但是这导致了伤口坏死，为了清理坏死的部分，我必须坚持每日数次冲洗他的伤口。又过了很长时间，他的腿终于痊愈了。在这次手术以及后来的治疗中，扎克再次表现出了他的勇敢和坚强，医生都为之惊奇。扎克在经历了这场大的磨难后，很快恢复了。到6月份，他已经可以打篮球了，并且在那个赛季的最后一场比赛中，扎克的表现令队友们感到惊讶，虽然腿上有伤，但是扎克还是打完了整场比赛。他高兴地和队友们在场上飞奔，一秒钟都不想停歇。

那年冬天，扎克又出现了脊椎栓塞的症状，我们带他去看小儿泌尿科专家。医生对他做了多项检查，发现他的膀胱没有发育完全，主要是他的脊髓栓持续了很长时间导致的。现在扎克每天服药，以促使他的膀胱发育。扎克和佐伊开始上幼儿园了，我发现扎克发育迟缓，他的行为很像弟弟泽布，而不像一个8岁的孩子。医生给他做了更多的测试，结果显示他的智商只相当于3岁孩子，我们联系了治疗神经发育类疾病的诊所，扎克的遗传学

泽布（右）、佐伊（左）和爸爸

从左至右依次为泽布、爸爸、扎克和佐伊

医生也赶来对他进行检查，结果显示扎克神经发育的情况只相当于4岁孩子的程度。鉴于这些情况，我们从法律上将他的年龄改成了5岁，比他的实际年龄小了两岁，这样一来，他的很多医学测试结果都可以得到合理的解释了。

经过这些磨难后，扎克身上潜在的巨大勇气被激发了，虽然他有时候会发脾气、砸东西，会使劲踢墙，但是我理解他的愤怒和受挫感正是源自他想成为正常孩子的愿望。他不想这么频繁地去医院，他希望自己的腿能像其他人的一样正常。他想飞奔、想跳跃，不想被病残的腿拖累。我们教给他深呼吸，教给他用更有效的方式调整自己的情绪，他已经在慢慢学习如何控制自己的情绪了。

扎克每年春天都与一群年龄相仿的孩子一起踢足球，他是一名很棒的守门员，他很享受这个过程。这令医生感到不可思议，扎克戴上假肢可以踢足球，而且踢得很好。今年，扎克和泽布突然对游泳有了很大兴趣，他们一起加入了一个游泳俱乐部。我们发现扎克是一名天生的游泳健将，在一个相当于奥林匹克规模的接力比赛中，他比很多成年人都游得快。他和泽布希望以后能够成为兄弟组合接力比赛的第一名，并赢得奥运会奖牌，即使他们都是左腿截肢者。

扎克是一个令人称奇的孩子，他的适应性和勇气让我们咋舌。在过去三年中，我从扎

妈妈和三个孩子

兄妹三人（从左至右依次是：扎克、佐伊、泽布）

扎克和朋友们在踢足球

克身上学到了很多，我对他的感激永远都说不完，是他激励我成为一个好母亲。他每天都教我如何举止优雅，如何有性格。扎克一直在用实际行动告诉我，他并不觉得自己的残疾会影响到他的成功，而且他做到了他以前认为做不到的事情，甚至比其他人做得都好。他爸爸和我一直试图教给他：人的潜力是巨大的，你永远都不知道自己有多能干。如果你失败了，你就换一种方式重新开始，不断地尝试吧。我们这么说的，也是这么做的，当扎克想尝试一些新事物时，我们总是倾尽所有给他帮助和鼓励。

扎克现在已经完全融入我们这个家庭了，他和爸爸妈妈、弟弟妹妹们和睦相处，其乐融融。扎克喜欢与泽布一起运动，与佐伊一起唱歌跳舞，他记歌词的本领很厉害，在学校也很努力，并且取得了很好的成绩。他现在仍在努力学习英语，手术和治疗耽误的功课已经赶上了。我们不知道，未来对扎克意味着什么，但是我们知道我们将会用爱、耐心和努力克服这些困难。我很佩服扎克，当他坚强地跨越了生命中一个个障碍时，他的微笑令我感动。我很感恩能拥有这样的儿子，我甘愿为他做任何事情，我很感激能有机会爱护他，给他快乐，给他支持，做他的母亲。

作者：丽萨·凡宁（收养母亲）

扎克获得了游泳比赛的奖章

明朗少女成长记

很高兴受邀分享我女儿们的故事，她们都是我们从中国收养的。我非常感恩能遇到这些孩子，更荣幸能抚养她们，她们都是非常优秀的女孩，给这个世界带来了快乐和智慧。

我还记得那个六月的傍晚，站在酒店房间十楼的窗口，望着窗外的高楼和霓虹灯，不敢相信我已经来到中国。但是，我确实身在中国，这个我一直向往的国度，但这一次我可不仅仅是一个过客，几天以后，我就会见到我亲爱的女儿，并且与这个古老的国度永远联系在一起，我的心中满是激动。

我来到安徽，见到了这个有着明亮眼睛、大约两岁的女童，她中文名字的意思是“美丽的桥”。她患有唇腭裂，已经过治疗而愈合。当天晚上这个孩子玩着我带来的玩具，胳膊上还挎着一个包包，穿着宾馆的拖鞋走来走去，外向的性格表露无遗。她很容易与人相处，也喜欢引得大家的关注。我们一起去吃晚饭时，她通过餐厅的窗户朝外面的人挥手，我们邻座的所有客人都知道她的名字，还和她说话。

后来我给她取名克里斯蒂娜，一直到现在，克里斯蒂娜仍然是一个外向、自信、有魅力的女孩。克里斯蒂娜从来不会被挑战吓倒。她在市游泳池担任救生员，同时还在那里教授游泳课，她学生的家长告诉我，她是一个非常棒的老师。她在八年级的时候就加入了游

克里斯蒂娜的艺术作品

酷爱画画的克里斯蒂娜

泳队，虽然她今天只有四英尺八英寸高，体重不到90磅，也许永远都不会拥有游泳冠军所应有的肌肉和身量，但是她整个高中都坚持在游泳队训练，并且还担任过一年的队长。后来，她又学会了潜泳，成为一名潜水员，要知道她所在的游泳队只有三名队员成为了潜水员。她非常努力，既会与队友们竞争，也会为别人取得的成绩而喝彩。

当时她不确定自己是否已经强大到能够拯救别人，我鼓励她尝试一下，于是她去应聘救生员的工作，果然被录用了。一年后由于出色的成绩她获得了奖励，并用赚取的报酬来支付大学学费。

克里斯蒂娜现在明尼阿波利斯艺术与设计学院①读二年级，这是一所非常知名的艺术学院。今年，她因为努力和天分获得了奖学金，她现在正在攻读绘画和插图专业，克里斯蒂娜的作品在当地荣获了很多奖项，并且售出了几幅自己的作品。

儿童在成长过程中必须掌握的一项技能是如何用双手抓住东西，比如说如何抓住铅笔，用它写写画画。克里斯蒂娜好像天生具有这种技能。我还记得她刚到我们家时照的一

① 明尼阿波利斯艺术设计学院于1886年建校，在将近125年间一直走在创作艺术的最前端,是一所非盈利的、设有4年制本科和研究生课程的私立学校，学校致力于研究视觉欣赏艺术，比如平面设计，雕塑艺术，家居设计。该学院还是为数不多的教授漫画的艺术机构之一。

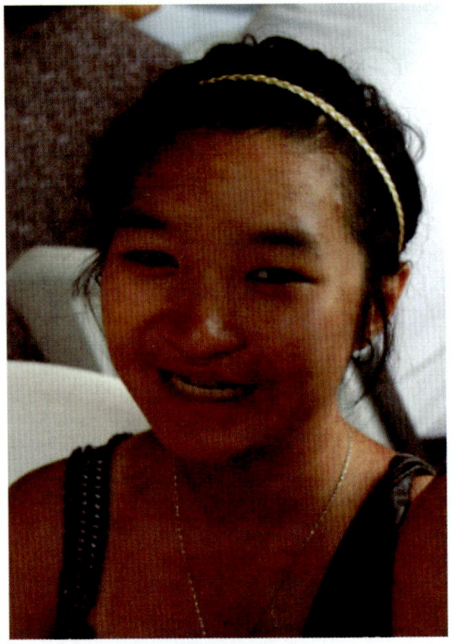

阳光女孩——克里斯蒂娜

张照片，照片中她拿着铅笔在画画。她对色彩和形状有着敏锐的观察，我想，将来有一天，克里斯蒂娜一定会成为一名艺术家，她不仅会在美国出名，在中国也会非常有名，也许每一位自豪的母亲都会这么期望和憧憬吧。

克里斯蒂娜有着强大和积极的性格，因为唇腭裂，她不得不面对很多生活的挑战。当她在广州接受医学检查的时候，医生们看着克里斯蒂娜的嘴不住地摇头。直到我们第一次见面，我才清楚地了解到克里斯蒂娜的嘴部情况。我当时并不明白唇腭裂是一种什么病，是否只是嘴部上方有裂缝和漏洞。在我去中国之前，儿科医生告诉我，经过几次外科手术，裂口和漏洞会修复好的。

克里斯蒂娜患有严重的、面积较大的单侧唇裂。在福利院的时候，她的唇裂已经经过了手术修复。那时候她年纪很小，好像没有影响到进食。事实上，福利院的院长告诉我，克里斯蒂娜还会抢别的孩子的奶瓶。是啊，这是克里斯蒂娜防备心强的体现，她会努力去找寻自己所需要的东西。一想到孩子还没有修复腭裂口，我就意识到，这是我应该去做的。

修复手术有益于帮助克里斯蒂娜发音和说话。她早在两岁的时候就开始接受辅助语言治疗了，并且持续多年。她在两岁的时候就看过牙医，主要是为了使牙齿在发育过程中尽量少地受到唇腭裂的影响。她做过骨移植手术，以填充腭裂造成的上颌空隙。克里斯蒂娜还接受过下颌手术，使下颌往前。在接下来的几年中，克里斯蒂娜还要接受多次手术。第一次骨移植已经溶解，她还需要接受另外一次移植，这一次需要从她的臀部抽取骨头。她的下颌手术令她牙齿靠前，她还需要接受另外一次手术，这样她的上牙床才能与下牙床很好地吻合，以改善她的说话能力，因为通过这次手术，克里斯蒂娜的舌头可以获得足够的空间，以便能够清晰地发出声音。克里斯蒂娜还需要牙齿矫正。看到克里斯蒂娜要经历这么多手术，我的心难过得都要碎了。

克里斯蒂娜面对手术的时候，一点都不恐惧。虽然她讨厌手术针和麻醉面罩，但是她非常配合医生的工作。克里斯蒂娜用她嘴上的小伤疤使周边的人了解唇腭裂，特别是她的自画像显著地表现了这一点。当克里斯蒂娜还在二年级的时候，她会很自然地张开嘴巴，让她的朋友们看她的腭裂。克里斯蒂娜会玩一些小把戏——比如，她会用鼻子里插的一根稻草喝牛奶，逗得朋友们大笑。令人惊奇的是，她的这一缺陷并没有阻止她前行的脚步，也没有令她自怨自艾，更没有限制她与别人的交往，她有很多好朋友。

几年前，我们一起去看医生，给克里斯蒂娜进行例行检查，她当时显得非常疲惫，医生就为她进行了几个额外的测试。我们等了很长时间，当医生走进来的时候，面色很难看。医生说好消息是克里斯蒂娜没有单核细胞增多症（克里斯蒂娜以前得过）。坏消息是，医生认为克里斯蒂娜患有白血病（一种血液癌症），我们惊呆了。她本来应该返回学校上课，但是现在我们不得不去儿童医院的急诊室，医生已经在那里等我们了。在去医院的路上，我们都很安静，在想自己的心事。就在刚才等待检查结果的时候，我们两个还交谈了一些关于世界和生死的话题，难道这是一种预兆吗？

克里斯蒂娜经历了这么多磨难，我不敢相信她还要与这种致命的血液病作斗争。接下来的二十四小时，克里斯蒂娜做了无数个测试和化验，身上留下了无数个针眼，还有脊髓穿刺。当克里斯蒂娜问医生她会不会死的时候，我再也抑制不住自己的情绪，我真的想放声痛哭。医生很诚恳地回答了克里斯蒂娜的问题，医生说，有些时候人们会因为罹患这种疾病而死亡，但是还有很多有效的方法治疗这种疾病。医生和护士正准备继续给克里斯蒂娜做化学分析的时候，骨髓测试结果出来了，结果显示，克里斯蒂娜并没有患上白血病！我这一生中，从没经历过如此的大喜大悲，从没如此的恐惧，也从没如此的感恩，我们就像被释放的囚徒一样，欢天喜地地离开了医院，第二天，她的白细胞就回升了。

克里斯蒂娜高中毕业

克里斯蒂娜的自画像

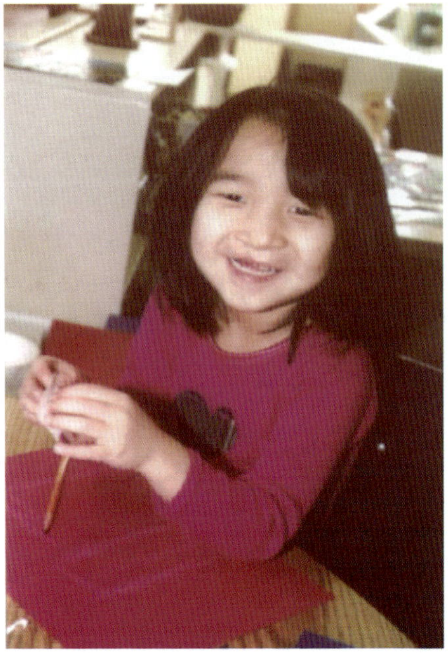

5岁的克里斯蒂娜

克里斯蒂娜与林子在轮滑

1998年，在收养了克里斯蒂娜之后，我又一次来到了中国。我期待见到我的第二个女儿。与我同行的是我的大儿子玛蒂尔达。玛蒂尔达在中国度过了她的11岁生日。那时的林子是一个可爱的3岁半大的女孩。她之前一直生活在一个“大家庭”，这个大家庭是由来自新加坡、英格兰以及中国的志愿者们组成的一个大集体。当林子从酒店大堂走过来的时候，她穿着漂亮的衣服和闪亮的黑色皮鞋。林子已经会说几句英文，还会一些手语，因为她所在的大集体中有些儿童是聋哑人。林子同样患有唇颚裂，在福利院生活了9个月之后，来到专门为特殊需要儿童设立的家中。可能是在福利院里住久了，林子很难分辨谁是她的父母，不知道父母应该是什么样子的林子第一天到我们家，晚上入睡前，她抬起头来看着我，我看到一滴眼泪顺着她的脸颊流了下来。后来我发现，不管我和她的姐姐如何关心她爱护她，她都觉得这种情形是暂时的，总觉得将来会再一次离开。

到家九个月后的一天，林子走到厨房问我，她接下来会去哪里，我当时被问得怔住了，不知道她是什么意思。很快我就反应过来，她认为她也许还要离开。作为林子的母亲，我不希望她总是有不稳定的感觉。我尽力向她解释，向她说明她会永远和我们在一起，这里就是她最终的、永远的家，她完完全全属于这个家，再也不需要去别的地方。看着她将信将疑的样子，我觉得她还需要花点时间才会明白这些话，但是我知道她现在已经感觉到我们是她的家人了。

林子与她的哥哥姐姐关系很亲密，林子可以说一口流利的西班牙语，她很有语言天赋，现在还在学法语，她的老师告诉我林子的成绩非常优秀。我给林子和克里斯蒂娜都报了中文课。当她们还小的时候，我带她们去星期六学校，那是在美华人为他们自己的孩子创办的学校，玛蒂尔达和我也在那里上课，但是我的成绩不是很好。林子在初中的时候学习过汉语。我希望将来有一天林子回中国的时候，能够学习更多的汉语。林子的英文成绩也非常优秀，上周我去参加她学校的家长会，她的老师虽然有几十名学生，但当我说到林子的时候，老师很肯定地说，“噢，我根本不用担心她，她的学习成绩非常好，文章也写得很不错。”我觉得，林子将来上大学的时候也许会选择英语专业，并且成为一名作家。林子还非常喜欢心理学和营销学，喜欢写字，会用各种不同的字体书写。

在学校里，林子显得很安静，但是有朋友在身边的时候，她会变得很健谈。在一个新环境里，林子还是有些拘谨害羞。但是她喜欢尝试新事物，两年前的夏天，她参加一家专业戏剧团队举办的培训课程，课程有一定难度，但是她坚持了下来，并且在最后考评中取得了好成绩。林子变得越来越独立了，学会了独立面对和解决问题。在明尼苏达大学上课的时候，她每天要乘坐城市巴士去上课，林子的方向感不是很好，坐公车经常会迷路，有好几次她都坐错了或者坐过了站，但是最后她又都找了回来。

林子从5岁起就开始留长发，她喜欢打理自己的长发。林子已经会化妆了，她喜欢花时间修眉，我觉得林子本身就很漂亮，但是通过化妆她让自己变得更漂亮了。她很有时尚感和艺术品味，没有她的认可我不能给她买衣服，否则她不会穿。

和克里斯蒂娜一样，林子也接受了多次手术以修复唇腭裂，协助恢复她的语言功能。她患有严重的反颌，多年来，林子一直要戴矫正牙套，以帮助矫正很多地方。有时候是为了改善她下颌向前的问题；有时候是为了矫正牙齿，今年秋天，林子就可以永远摆脱牙套了。一年前，林子还接受了手术以提高下颌，来解决她牙齿咬合的问题。林子小的时候，我喜欢逗她，说她吃起东西来像一只松鼠。经过下颌手术和多年来的牙齿矫正，她的嘴看上去不再是凹陷的了，医生成功地改善了她的嘴型和脸型——林子现在终于有了美丽的笑容，她终于可以让家人给她拍露牙齿的照片了。

林子最喜欢吃的食物是小笼包，我还发现有一家餐厅的饺子也

小时候可爱的林子

少年时期的林子

长大后的林子

姐妹俩——克里斯蒂娜（左）和林子（右）

西蒙家的孩子们（从左往右）林子、克里斯蒂娜、玛蒂尔达和罗马

长大后的的林子、罗马、克里斯蒂娜和玛蒂尔达

非常好吃。正因为她的这个爱好，我学会了制作小笼包，一位中国朋友还教我怎样包饺子，怎样和面，怎样包馅，我们全家都很喜欢吃中国饺子。我还记得在中国的时候，每天早晨都要吃小笼包，真是美好的回忆！林子认识的一些中国朋友邀请我们去参加中国新年的庆祝活动，我们尽力将中国文化融入我们的生活。

克里斯蒂娜和林子一天天长大了，我们曾经一起笑过哭过，一起庆祝生日和节日，一起分享秘密，一起走过艰难的日子。她们每个人都有自己的天分和爱好，我鼓励她们追逐自己的梦想，做最好的选择。她们一直参加教会活动，志愿帮助别人。她们与国际学生分享自己的房间，我告诉她们，我们是这个世界的一部分，应该用自己的力量和爱来回馈这个世界。我很爱她们，我相信我们是注定要成为一家人的。

非常感激中国收养中心和十字路口收养机构，是你们帮助我们成为了一家人。

作者：乔伊斯·西蒙（收养母亲）

舞动生命的意义

我叫玫，今年15岁，这个秋天就将成为石峡谷中学十一年级[①]学生。我喜欢边做家庭作业边听潘多拉乐队的音乐，我热爱舞蹈，喜欢户外活动！

在2006年，我作为被收养儿童参加了中国收养中心十周年庆祝活动。我和我的朋友表演了特别为这次庆典创作编排的舞蹈，能成为这次盛事的一分子，我感到很荣幸。我从3岁起就加入了国际中华儿童的乐儿中国文化中心，并成为其中的一名学生。在过去的3年里，我一直担任那里的舞蹈教学助理，并于去年开始自己教授舞蹈课程。我喜欢融入到其他来自中国的被收养儿童中间去。根在中国，对我来说很重要。

去年我曾应邀写过一篇文章，后来这篇文章在《今日收养》杂志的5月刊上发表了，我已经是一名发表过作品的小作家了！

2006年，玫（左）参加中国收养中心成立十周年庆典活动

① 十一年级相当于中国的高中二年级。美国的学校按年龄阶段分为以下四类：1.初级学校：1–6年级（6–12岁）；2.初级中学：7–8年级（13–14岁）；3.中学：9–12年级（15–18岁）4.大学（学院）：一般为4年制（18岁以上）。

以下是我发表的那篇文章——我和我的姐妹们

收养对于我来说，意义深远。当然，我也曾有过一段艰难岁月，特别是8岁的时候，我为新身份以及所有那些我无法回答的问题感到纠结，但是在父母的帮助下，我最终度过了那段日子，并且由于这段经历，我成为一个更为坚强、自信的人。我在困难的时候有幸得到了好朋友们的帮助，他们也像我一样是被收养的孩子。

我和父母于1998年搬到科罗拉多州，因为他们想让我和妹妹尽可能多地接触和学习中国文化。我们所在的社区住着许多有收养背景的家庭，这对我来说是一件幸事，乐儿中国文化中心也在这个社区里。我想父母给我的最好礼物就是让我和这些家庭里的孩子们共同成长，我们这种“姐妹”关系由许多部分构成：友谊、学校以及中国文化。

对于我们来说，友谊能够以很多种形态和面貌存在，有的存在于不同的种族之中，还有的是出于收养的原因。尽管我们来自不同的地方，但我们彼此之间形成了强有力的联系。我最好的朋友叫泰勒·丹克，她也是一个被收养的孩子，我们形影不离，情同姐妹。我和泰勒有许多相似之处，爱好和想法也很接近，但彼此之间最大的共同点在于我们都是被收养的孩子，而且来自于中国的同一个城市。在那段艰难岁月里，我们一起看书，进行过多次交谈，在以后的时光中，我和泰勒将继续互相扶持，共渡难关。

玫在北京故宫留影

我的学校里有背景不同的学生。但是，如果你不主动讲，大部分人都不会认为你是被收养的。就在昨天，我跟一个同学谈到自己是被收养的孩子时，她都感到惊讶。

对于我来说，告诉人们我是来自中国的被收养孩子是一件很光荣的事。以我14岁的年龄来说，我有着令人难以置信的冷静，但在我小的时候情况并非如此，我的思想观念在逐渐发生着改变。

学校里有许许多多被收养的男孩和女孩，我想这一点超出了多数人的想象，但是，我发现我们的谈话更多地集中在学校、男孩以及时尚等话题上，因此，尽管我们都是被收养的孩子，但当我们聚集在一起的时候，并不会常常探讨这个话题。石峡谷中学是一个很棒的学校，因为这里不存在歧视，至少对于我而言是这样的，人们没有因为我是被收养的孩子而对我另眼看待。

下面是我的父母约瑟夫和简·罗尔巴克夫妇写的一封信：

非常感谢您能给我们这样一个机会来分享我们收养孩子的经历，约瑟夫和我是两个中国孩子的父母，玫和她12岁的妹妹莉莉。下个月开学莉莉就要上七年级了，莉莉很喜欢动物，喜欢骑马，弹吉他，她打算长大以后做一名兽医。

1986年我们结婚的时候，我和约瑟夫就计划不要孩子。我们知道国际收养可以帮助我们组成一个真正的家庭，十年后，我们第一次做了父母。在中国的两次收养经历都是非常令人激动的，因为中国收养中心的帮助和支持，我们的梦想成为现实，而且在中国遇到的一切都让我们感到收养是如此的美妙。

是孩子们让我知道，生活中任何事情都可能发生。是我和约瑟夫作出的选择、玫和莉莉的亲生父母作出的选择、中国收养中心的选择（给我们选择了这两个孩子）成就了我们今天的一切。

在选择到中国收养孩子时，我们同时也选择了多元文化。我们的家庭是由中国、美国、英格兰、法国、苏格兰、捷克斯洛伐克和德国融合起来的混合体。我们的民族根源和文化背景对于我们所有人来说都非常重要，我们很幸运可以过那么多有意思的节日，庆祝

来自乐儿中国文化中心的舞蹈演员在表演传统的扇子舞，最右边是玫。

那么多的传统。玫接到了中国收养中心庆祝成立十周年的邀请，在她的要求下，我和她一起回到她曾居住过的福利院，这个经历使玫的生活更加丰富完整。

我们在中国的收养经历也曾为其他人指明了方向。自从1995年决定收养，约瑟夫和我就从未停止过与其他人分享我们在中国收养的经历。结果，我们许多的朋友和熟人也都想到中国收养孩子。

在玫的生活里收养无时无刻不在影响着她，国际中华儿童服务中心那些知识渊博的老师在家长培训课程中教会了我们许多。玫、约瑟夫和我，还有其他的青少年以及一些未来的养父母分享了收养的感受，其中有一件事情至今令我难忘，总会浮现在我的脑海。那是在1999年，玫在参加完文化夏令营后，告诉我她很幸运，因为她有三个妈妈：地球妈妈，太阳妈妈和月亮妈妈，在经过了一番思考后她告诉我，地球妈妈是她的亲生妈妈，福利院妈妈是她的太阳妈妈，我是她的月亮妈妈。时间很快就过去了，突然有一天，玫又跟我说，她觉得她很幸运，在生活中可以有三段经历，第一段经历是她出生的时侯在她亲生父母的家里，第二段经历是在福利院，第三段经历是她与约瑟夫和我在一起。玫还解释了这几段经历对她来说都很特别，她认为在前两段经历中，她的亲人们一定遇到了极大的困难

2006 年中国年庆祝仪式上，孩子们表演了陕西腰鼓，前排右下是玫

和挣扎，她不想再去纠结，也不愿再去想。玫相信第三段经历是最好的，因为这段经历可以让她自由地选择她在这个世界上要成为一个什么样的角色。玫是一个非常棒的女孩子，她在家里、学校里以及她的社团里（包括美国和中国的）都非常积极。作为她的父母我们很自豪。中国收养中心，谢谢你们！

作者：玫（被收养人）

我和我的神童女儿

我是岳岚的妈妈，回美国后，给她取名叫格蕾丝，她已经5周岁了。她现在每天都花半天的时间参加学前班课程，学习中文普通话。在格蕾丝3岁大的时候，她参加了一个学年的学前班课程(每周两个上午)，学习西班牙语。所以她现在算是掌握了多种语言，不仅学得快，而且记得准。她同时还学习演奏小提琴，在儿童合唱团里唱歌，她在音乐上很有天赋。

我曾经带她去作过两次(在不同的年龄阶段)专业的智力水平测试，结果显示她是一个很有天赋的孩子。她的智商水平属于其所在年龄段中最高的那2%。随着她大脑不断地发育，她的智力水平和能力还会提高。她现在的智商已达到133分(普通人得分应该是100分)，特别是她在语言词汇方面的得分已经超过了智商测试图表中的最高分(估计约为150分或者更多)。在她3岁第一次做智商测试时，她的语言词汇能力已经达到了8岁孩子的水平，而她的推理能力也达到了6岁孩子的水平，这种趋势将会随着她年龄增长变得日益明显。

收养格蕾丝实在是我有生以来作出的最好决定，当我从中国收养了她并将她带回密歇根的时候，她才九个半月大。格蕾丝在她的童年生活中，实在是经历了太多，但她表现出了极强的适应性。

当我第一次将格蕾丝带回家里时，她似乎有恐夜症(晚上睡着了哭喊不止)，而且在一开始的几个月里难以入睡，我只能躺在她婴儿床前的地板上，握住她的手直到她进入梦乡。为了不吵醒她，我只好等她睡着了以后悄悄爬出她的房间。我曾经从别的收养过中国弃婴的父母那儿听到过类似的故事，渐渐的，她的恐夜症一天天地减轻了，几个月后完全消失了。我带她参加过很多种形式的治疗，以平复她因为被抛弃而留下的心灵创伤，这是所有的收养父母都应该做的，而且越早越好。

生活中我们逐渐适应，融合成了彼此关爱、互相照顾的一家人。她对周围的环境十分适应，和同学、邻居以及在教堂、戏剧课、夏令营、合唱班和儿童音乐课上的很多人都成了朋友。她很随和，也很感性，是一个非常可爱的孩子，对别人有着深切的关怀，甚至将这种关怀扩展到了整个人类和我们居住的地球。有时她看见从工厂里冒出的废气污染了蓝

可爱的格蕾丝

天，就会很伤心地哭。她在6岁时就已经成为一个环保主义者，她热衷于环保和回收，喜欢学习关于地球和整个宇宙的知识。

我坦诚地告诉她被遗弃和收养的经历，她能够理解并豁达地看待这一切，自如地与人谈论她的故事。我和格蕾丝为她的中国父母祈祷，并且感谢他们为格蕾丝和她的健康成长所作出的决定。作为非常爱她的母亲，我会永远感谢你们在她生命刚开始的那段时间对她付出的关爱和照顾，请继续像对待格蕾丝那样关爱其他的孩子吧。

我深信格蕾丝在自己的生活中将会尽其所能地帮助别人。她的能力、禀赋和超高的智商水平使她的选择范围更加广泛。她很有可能成为医生、科学家、大使或是著名的音乐人。而且，她还十分健壮，跑步速度很快，对体操很感兴趣，喜欢在户外骑自行车，当车子出现故障时，她能轻而易举地将它修好。她很喜欢在学校的小路上骑自行车，让我在后面追她(以我最快的速度，大步奔跑)。格蕾丝是一个非常可爱、慷慨、和善且乐于助人的孩子，非常善于与人合作。她还很有幽默感，喜欢逗周围的人发笑，就像她在福利院时那样。她很有创造力，喜欢画画和为他人设计卡片。

美丽的格蕾丝

格蕾丝和她的朋友们

格蕾丝兼具内在美和外在美。她热爱大自然，喜欢欣赏太阳落山或彩虹出现时那生动的美景；她喜欢骑马，喜欢在沙滩上玩耍嬉戏，喜欢在树林里散步，还喜欢为家人或朋友制作折叠卡片。她的心灵非常纯洁，她从来不会看不起那些残疾人，也不会因为肤色的差异歧视别人。她平等地看待任何人，并且去努力感受别人的内心世界。在过去的六年中，我从她的身上学到了许多东西。我想我们能从所有的孩子身上学到这些，只要我们肯花时间去和他们交谈，并且实实在在地、全身心地去聆听他们。所有孩子都是上天赐予我们的礼物，能够有机会为人父母，体验这种无与伦比的经历是一种幸福，也是一份荣耀。如果有人正在打算开始收养这项终身的事业，我会说“去做吧，大胆去做吧！让我们敞开心灵并且放开眼界！”

我已附上了她最近的照片，正如大家所看到的那样，她是一个美丽聪明的小姑娘，非常健康，喜欢吃健康食品，最喜欢的食物是西红柿、沙拉、糙米和面条。

要知道，她是我生命中最好的礼物。我再次对所有关心她的人曾经为她做的一切表示感谢。

以下是对格蕾丝的访谈

提问："你能介绍一下自己吗？"

"大家好！我的名字叫格蕾丝·伯格，我住在密歇根。我出生在中国，今年6岁了。我是小时候在街道上被人发现的，然后被送到了公安局，后来又去了福利院。再后来，我的妈妈黛博拉收养了我。现在我和她住在一起，非常开心。"

提问："你是怎么看待你的中国亲生父母的？"

"我希望能够再次见到我的亲生母亲，我有些想念她。我想我的妈妈会是这个样子：她有着黑色的头发，扎着马尾辫，长着一双蓝色的眼睛。我想我的亲生母亲一定很爱我，并不是不想要我，只是当时她不能够留下我并把我养育成人。"

小淑女格蕾丝

提问："对于这些你有什么感受？"

"我想我有两种不同的感受，既悲伤又快乐。我感到悲伤是因为我的亲生父母不得不将我送走，我感到快乐是因为我现在和我的美国妈妈幸福地生活在一起。"

提问："你能再多告诉我一些关于你生活方面的事情吗？"

"我有房子住，不是一个无家可归的人。我现在上一年级，我希望还能再有一个妹妹。我、妈妈、马克思和萨迪（两条狗的名字）住在一起。对于我的妈妈和别的人来说，我很特别。我有一个保姆叫莱克西，她人很有趣，和她在一起很快乐，我喜欢和她待在一起。妈妈常说我是一个'特别的女孩'。我的中文名叫岳岚，意思是'美丽的花朵'。"

提问："你有什么样的才能？"

"我擅长写歌、唱歌，还喜欢做运动。我喜欢游泳、跑步、跳高、足球以及转呼啦圈。"

提问："你最喜欢学校的哪些方面？"

"我喜欢老师给我们读那些有趣的书，还喜欢我在学校里的那些朋友们，还有休假、看电影。"

提问：“对于那些想要从中国收养小孩的人们，你有什么想要说的？”

“我想说我希望人们都能够为自己收养一个小孩。”

提问：“为什么你希望这样呢？”

“因为他们将会感到很快乐。”

提问：“谁将会感到很快乐？”

“那些准备收养孩子的人以及孩子本人。”

提问，“你想给出一句怎样的结束语？”

“你会拒绝上天赐予你的快乐吗？如果不，收养一个孩子吧！”

作者：黛博拉·伯格和格蕾丝·伯格
（收养母亲和她的女儿共同完成）

活泼的格蕾丝

认识一个5岁的孩子感觉好极了

住在瑞典斯考奈省的松德雷德夫妇在开始准备收养的时候就很清楚，自己可以收养一个年龄大一些的孩子。于是他们收养了5岁的诗经，提起收养的感觉，他们这样描述："诗经是我们生活中发生过的最美妙的一切。"

苏珊·松德雷德(收养母亲)说："我不觉得收养一个大一点的孩子会令人感到害怕。5岁的小孩儿其实还是很小的，不过我们收养这个已经有自己个性的孩子的确也是一次冒险。"

松德雷德一家作为收养家庭有些不太普通，他们从一开始就打算收养一个年龄大一些的孩子，因为他们觉得自己已经不年轻了。

那么他们有什么担心和期待吗？

第一次见面，诗经和爸爸妈妈一起看从儿童福利院带来的相册

苏珊说道："我们努力在收养前不去过多地考虑可能会出现的问题，集中精力来面对孩子。远离熟悉的环境对诗经来说有一个漫长的适应过程，这是我们唯一担心的事情。"

当松德雷德夫妇去年6月份来到中国南方收养小诗经的时候，她才4岁半多一点。当时有两个家庭一同到那里去收养孩子，另外一个女孩和诗经来自同一个儿童福利院，而且睡在同一张床上，巧合的是现在她们在瑞典的家相距仅30公里。

在收养登记中心第一次见面时，两个瑞典家庭被带到一个安静的房子里，随后儿童福利院的工作人员领着孩子们来到那里。诗经当时十分好奇，急切地环视着四周。

她们来了，印入眼帘的是两个穿着新衣服、背着新书包的小女孩。诗经笑得有些腼腆，过了一分钟，她打开了背包，从里面拿出她从儿童福利院带来的相册与大家分享。然后爸爸米盖尔拿出了一个小娃娃，和小诗经开始一起玩儿了。

在陪同人员的大力帮助下，以后的日子一帆风顺，父母们履行了很多手续。陪同人员还帮着购买了各种物品，例如书、光盘等。

苏珊·松德雷德回忆道："我们似乎一开始就和诗经建立了很好的关系。我们都有幽默感，会唱歌跳舞。在来自中国的报告中，我们得知诗经喜欢唱歌、跳舞，没有比我们更适合她的家庭了，因为我们都是音乐教师！同时，我们希望诗经能够保留她原有的文化和语言。我们试着找出诗经喜欢吃的食物，这样回家后我们就可以做一些合她口味的东西。在中国无论走到哪里，特别是和诗经在一起的时候，我们都得到了友善、热情的款待，这是一次美妙的经历。"

一被问到诗经对在瑞典的生活适应得如何，苏珊·松德雷德就开始滔滔不绝地说道："诗经有一些'特殊需求'，她一只手的三个手指长在了一起，这不是什么大问题，可以动手术，将手指分开。生活上，她适应得很好，和绝大多数孩子一样，她总是很高兴。只是在刚开始的时候，她夜里醒来会哭，或许是想念她中国的朋友了。此外，我们打算慢慢地扩大诗经的生活圈子，并不忙着带她去见亲戚朋友。第一次与亲戚和朋友们见面的时候，她开始还比较腼腆，不过过了一会儿，她就和四个年龄相仿的表亲一起玩儿了起来。亲戚家都住得比较远，因此去拜访他们或者他们来访时，大家就会在一起呆上几天，安排一些活动。诗经语言方面能力很强，和其他孩子一起玩的时候已交流自如。"

"我们全家经常一起去听音乐会，看戏剧演出。在家的时候，我们都很喜欢摆弄东西，例如：画画、素描、剪纸、粘贴等。我们一直都很重视培养诗经的兴趣爱好，无论是

诗经和祖父母在一起，享受着家庭温暖

什么，我们都会支持她。她喜欢动物，我们家就养了两只猫，全家人还经常一起去动物园。诗经是一个很独立的孩子，她擅于表达自己的意愿，这令人感觉很好。”

苏珊还说道：“我们家很欣赏中国文化，诗经喜欢写汉字，我们也尝试练习写汉字，也时常翻看诗经以前在福利院时的相册。诗经想知道，福利院的其他孩子是否都有了爸爸和妈妈。这是个很矛盾的问题，一方面她希望他们已经都各有归宿，有了家庭，同时她也希望能够回去，见到那些老朋友。我们经常谈论回中国的旅行计划，如果我们能够在那里住上比较长的一段时间就更好了。也许我们可以通过所从事的音乐工作做一个文化交流活动。”

“2010年秋天诗经本来要上学前班了，但考虑了一段时间之后，我们决定让诗经第一年不去上学。我们想让她体验一下新的生活，充分享受了非常爱她的妈妈和爸爸的关爱和家庭的温暖之后再去幼儿园。”

最后，苏珊说：“总的来说，收养年龄大的孩子没有任何不方便，这是我们的经验。互相适应的第一阶段需要父母跟上孩子所有的转变，诗经几乎在同一时刻完成了所有的成长发育。有时她想表现得成熟，有时又想像小孩子一样撒娇。她的情绪或许在一天之中或者一段时间发生变化，这些做父母的都得适应，还得能够应对。”

“不过和这个小家伙在一起很有意思，毫无疑问，诗经很喜欢我们这个家庭。我们第一次回到家，汽车驶向房子的时候，她就兴奋地喊道：

‘家！’随后，她采来三朵花放在一个小花瓶里，说那是‘爸爸、妈妈和诗经。’”

瑞典跨国收养家庭协会供稿

作者：英格-玛丽·雪德贝里

摘自：《我们的收养家庭》，2011年第1期

诗经和福利院一同被收养的朋友

我为两个中国女儿感到骄傲

詹妮弗和艾玛是我们的两个可爱女儿，詹妮弗19岁，艾玛15岁，她们都来自中国，是两个聪明好学、兴趣广泛、性格开朗、友善，又极具天赋并已取得了一些小小成就的孩子。我为她们感到骄傲。

当我们在福利院的接待室第一次把詹妮弗抱在臂弯里时，她还很小，她跟我们四目相对，仔细地研究着我们的脸，我们被她可爱的神情深深打动了，我们成为她的父母，把她带离她熟悉的世界——那些面孔、声音和过去她生命中的一切。

我们承诺要成为好父母，让她了解自己出生的国家。我们跟我们的中国朋友保持着联系，定期吃中餐，谈论中国发生的事。我们为孩子制作了一本纪念图册，目的就是让她记住自己的祖国。詹妮弗两岁的时候，有一天我们在街上碰到一个遛狗的老人，他停下来跟我们聊天，并问詹妮弗出生在哪里，“啊，中国！伟大的国家，这个孩子一定有特别之处。”老人说，然后他看着詹妮弗补充道：“让我们期待她在瑞典能有精彩的人生吧。”

全家登上了长城

看着孩子们一天天长大，逐渐形成自己的性格、显露出自己的兴趣、施展出自己的天赋，让人感到是那么不可思议。

詹妮弗已于2011年6月高中毕业。她喜欢数学和科学，还学习了其他学科：瑞典语、英语、西班牙语、拉丁语、心理学、社会科学、历史、宗教学、运动和健康、美学（艺术、音乐和话剧）、生物、化学和物理，还学习了一年的汉语。她在学校表现很好，通过了所有科目的考试，现在赫尔辛堡大学学习工程学。她非常努力，也很有上进心。

她6岁的时候，我们和另一个家庭一起过暑假，他们家有两匹马，大一点的孩子开始教詹妮弗骑马，从那时起，骑马成了詹妮弗生命中重要的一部分。她7岁开始上正式的骑马课程，每周训练两次，每年夏天她都会参加骑马露营。后来，她拥有了自己的马。她每天都要去马厩，照顾马、驯马和骑马，马占据了她大部分的闲暇时间。无论发生什么事，无论天气如何，马永远是第一位的，她从没有抱怨过。

在詹妮弗15岁的时候，她参加了马术跨越障碍比赛。在学习骑马的过程中，她慢慢学会了与他人相处，学会了关心和照顾别人。詹妮弗稍微大一些的时候加入了马术俱乐部的董事会，俱乐部里工作的其他人一提起詹妮弗，都说她是一个非常有能力、有责任心、乐于助人、可信赖的年轻人。

马术比赛中的詹妮弗

我们每年都会去滑雪，詹妮弗很擅长也很喜欢这项运动。今年冬天她计划跟同学一起去阿尔卑斯山滑雪。她还会游泳、滑冰，在很多运动项目上都很出色。现在一有空闲，她就学开车。

我是在苏格兰长大的，因此詹妮弗既能说英语，也能说瑞典语。她考取了剑桥英语证书，这就表示如果她愿意的话，她可以去以英语为授课语言的学校读书。我母亲在世的时候，我们全家每年都会去苏格兰看望她，外祖母非常疼爱孩子们，每周都会跟她们通电话。

詹妮弗一直都很友善、很开朗，她的微笑是出了名的。她有侠客一般的豪爽气质，总是会为她认为正确和公平的事情挺身而出。她有很多朋友，有在学校认识的，还有通过骑马认识的。

我们收养艾玛的时候她只有10个月大，非常小也非常可爱。福利院的老师告诉我们，艾玛是福利院里最可爱的孩子。现在她15岁了，充满活力，对一切有趣的户外活动都感兴趣。

她来到我们身边的第二天，我在旅馆的房间里一觉醒来，发现她正站在小婴儿床里对着我微笑和招手，她就这样迅速地跟我们建立起了感情。

艾玛身体一直非常好，体检时，医生说他们从未见过这样小的孩子竟然有如此突出的运动技能。她协调性很好，擅长运动。她学会了滑雪、骑自行车、滑冰，她因在滑冰课上表现出色，获得升到更高级别的机会。姐姐詹妮弗过去几年一直在教艾玛骑马，现在艾玛已经开始学“马上杂技”了，就是在马小跑的时候用一条腿在马背上站立保持平衡。我们每年都会去滑雪胜地度假，艾玛可以滑任何难度级别的坡道，但艾玛最喜欢的、对她来说最重要的是舞蹈。

跳舞对于艾玛来说是最重要的——她不仅去舞蹈学校学习，而且还在一个街舞团里跳舞。街舞团是由四个女孩儿组成的，艾玛和另外一个女孩担任领舞。街舞团经常在当地的舞蹈比赛和文化节上进行表演。她们跳舞的照片已经三次登上了当地报纸的头版。现在艾玛已经开始通过跳舞赚钱了，她会把这些钱攒起来用于我们度假时的额外开销。

艾玛颇具音乐细胞，她在当地的音乐学校学习小提琴，在家里弹钢琴和吉他。她和她的父亲常常一起演奏。

艾玛在学校学习非常努力，而且所有科目的成绩都非常好，她特别喜欢法语，我们一年前去巴黎旅游，她已经可以说一点点法语了。

艾玛有很多朋友，她总是那么自信、友善、体贴，而且很有爱心。

我们全家曾一起去过美国，去参加孩子们表兄的婚礼，顺便拜访了她们的姨妈。我们全家还经常在欧洲各地度假。

自从我们收养了詹妮弗和艾玛后，我们去过中国三次。一次是带着詹妮弗去收养她的妹妹艾玛。詹妮弗能够跟我们一起去，意义重大，她对自己出生在中国并且被我们收养这件事有了一些了解，也稍稍明白了收养的含义。听着中文、看着和她相貌特征一样的人们、吃着她曾经熟悉的食物，让她有种亲切感。第二次是在假期去了北京，我们游览了举世闻名的长城，还放了风筝。这次旅行之后，两个女孩都告诉我，她们还想回中国去。第三次是我们跟另外两个家庭一起回访福利院。

回访福利院对两个女孩来说是一次重要的经历，孩子们在家乡受到了热烈的欢迎和周到的接待。她们看到，中国有许多人在关心她们，很高兴看到她们回来，而且非常想了解她们现在的生活。詹妮弗想要看看自己被捡到的地方，她在那里录了视频。我们跟当时发现艾玛的员工见了面，还跟他们一起合影留念。孩子们回来后一直念念不忘，她们经常跟我们和朋友聊起此事，还常常要求我们再去中国度假。

作者：乔治森·森德伯格和凯瑟琳·彼得森（收养父母）

艾玛在音乐学校学习小提琴

安娜和米娜

[文章背景] 芬兰跨国收养组织杂志2005年的第3期刊载了有关阿一诺·哈乌卡伊宁和萨米·多伊沃宁从中国领养的两名女孩——安娜和米娜的文章。安娜和米娜都是先天唇腭裂儿童。

我们在2000年作出了一个决定——要领养一个孩子。从一开始我们就打算领养一个脸部有轻微缺陷的孩子。芬兰跨国收养组织让我们列出一个清单，写出我们能够接受的孩子的疾病或缺陷。我们预约了一位儿科医生，他给予了我们很大帮助，提出了很多指导和建议，我们还阅读了相关的医学书籍，最终确定了能够接受的疾病清单，包括血管瘤、疝气这样的疾病，我们能够接受的最严重的缺陷是畸形足[①]。

我们在制定清单的时候非常小心谨慎，因为每写下一条，就意味着将有成百上千的孩子被排除在外了。我们觉得每个人都应该把自己心底最真实的想法反映在这个清单上，不必为这些决定而感到内疚。当时我们并没有把唇腭裂放在清单里，因为我们还没有做好去照顾这种孩子的准备。清单列完后，我们的医生又看了一遍，然后我们就把申请文件寄给了中国收养中心。

后来我们开始耐心等待，在某些时刻我们还会偶尔想起那个清单，扪心自问当初作出的决定是否正确。我猜想着，孩子长什么模样？孩子的病情会不会比我们预期得要严重？大概所有即将为人父母的人都会和我一样吧，不安的情绪伴随着整个等待的过程。

可爱的笑容和坚强的面庞

这一天终于到来了，我们收到了有关女儿的消息，在看到清晰的照片之前，从那张效果略差的传真照片上，已经能够看出我们的女儿鼻子有些畸形，我们并没有一开始就请医生作出判断，因为想要等一等文件的翻译，但不管怎样，我们喜欢这个女孩，无论医生的诊断结果如何，我们都会要她，这时此前的所有顾虑都烟消云散了。

① 畸形足：是指足部形态或结构的异常。常见的足畸形包括多趾、并趾、缺趾、足内翻、足外翻、足部缺如等，影响站立、负重和行动还会造成足底外侧、足跟处压疮久治不愈，严重者甚至会引起骨髓炎。

最终我们得知，我们的女儿有左侧唇裂，已经在中国做过了手术，照片也终于寄到了我们手上，能够清楚地看到她的左边鼻孔有些畸形，鼻子下面还有疤痕，然而她可爱的笑容和坚强的面庞才是我们更在乎的。孩子已经进行了唇腭裂的手术治疗，这个缺陷并没有和我们的预期差很远，那个可接受疾病或缺陷的清单确实发挥了它的作用。

鼻子只是轻微畸形

在来中国之前我们就联系了赫尔辛基医院的唇腭裂中心，预约了手术，女儿一到芬兰，我们就带她过去。据中国方面提供的更详细的资料反映，女儿的唇裂不会妨碍她进食，因此我们觉得没必要在动身之前再去咨询医生了，我们不需要带任何唇裂病人所需要的特殊用品去中国。得到女儿消息一个月后，我们动身前往中国。2002年12月8日这一天，安娜成为我们的女儿，那时她一岁多一点，特别惹人喜爱。

实际上，女儿的唇腭裂手术疤痕和鼻子的畸形比照片中要明显一些，而且唇部还有个比较厚的手术疤痕是我们之前在照片中没有注意到的。我们初次见面的时候，第一次见到了她牙床上的裂口，那里没有动过手术，裂口在左侧，有一颗牙齿长得比其他牙齿更突出，只有在张大嘴巴时才能看到这条裂口，进食不受影响。第二天她叫了“爸爸”和“妈妈”，就在那一瞬间，你一下子就习惯了那个有些畸形的鼻子和那些疤痕，太不可思议了！

一流的护理和治疗

回到芬兰后，家庭医生把我们推荐到唇腭裂治疗中心，芬兰几乎所有的唇腭裂病人都在这里接受治疗。医生带我们参观了门诊部和病房区，给孩子进行了检查。工作人员非常友善而且博学，我认识的一位唇腭裂患儿的母亲说，孩子和家长在这里都可以得到很好的照顾。到目前为止我们已经去那里做了两次检查。安娜在入学前还要接受一次整容手术，大约9岁时要接受牙床手术，此后还有可能进行后续的整容手术。

这些积极正面的收养经历给了我们很大的影响，在我们第二次向中国提交的领养申请中，特殊需要的疾病清单就简短多了。我们确定想要一个孩子，有唇腭裂，是否手术过都无所谓，有关唇腭裂的顾虑已经烟消云散了。

安娜和米娜在阅读关于她们的文章

女儿们登上了杂志 2005 年第 3 期的封面

另一个完美选择

2005年3月6日，我们得到了第二个女儿米娜，她是个开朗可爱的女孩，很快就融入了我们家！米娜有腭裂，没有接受过手术，不过从外表根本看不出来，所以也没有必要进行整容手术了。但是腭裂使米娜吃饭和讲话比较困难，她能正常进食，但有时食物会从鼻子流出来，吸吮也很困难。见到米娜的时候，她还不会说话，但已经能够发出很多声音了，腭裂会影响发声，但通过手术能够解决，她应该只需要一次手术就可以了。基本上所有的唇腭裂儿童都伴随着耳道感染，米娜也不例外，我们相信通过手术这些小毛病都会得到治愈。

到我写这篇文章的时候，孩子们还没有接受手术，9月两个孩子都要手术，我们自然也很紧张，然而孩子们会得到最好的照顾。目前我们家的生活方式与其他有孩子的家庭一样，拥有两个来自中国的唇腭裂女儿，孩子们的到来并没有影响我们的日常生活，她们给我们的家庭增添了天伦之乐，我们很幸运能够拥有两个活泼又可爱的女儿。

作者：阿—诺·哈乌卡伊宁（收养母亲）

孩子是我们生活和存在的理由

[文章背景] 收养父亲加里·西格尔告诉我们：在收养婷婷之前，我们家有3个成年女儿，3个外孙子女。1998年我们收养了她。回到美国后，我们给女儿起名叫谢拉·达尔希尼亚。

谢拉是一个迷人、优秀、充满爱、漂亮、聪明的少女，在她们学校获得了很多荣誉。她喜欢数学和科学，希望今后能够成为博士，成为科学家。她是出色的体操运动员，她们的高中队曾获得邀请赛冠军。她还参加了由南佛罗里达大学研究员进行的中国被收养儿童生活情况长期纵向研究。

几年前，中国社会科学院（CASS）和中国社会科学杂志（CSST）联系我们，让我们针对谢拉收养后的成长情况提出的一系列问题作出回应。该文章回答了有关收养谢拉以及她对我们家和美国的同化作用的很多问题。

谢拉在练习单杠

以下就是帕姆和加里·西格尔夫妇接受中国社会科学院和中国社会科学杂志访谈记录节选

问题1：最开始的时候，是什么让你们决定收养中国女孩的？这种想法得到了家人和朋友们的支持吗？你们还有其他子女吗？如果有的话，有多少个孩子（包括亲生子女和其他被收养儿童）？

回答：我们尝试过从美国收养孩子，但是我们发现这个收养过程极其缓慢复杂。我们的一位朋友当时正在办理收养中国儿童的手续，她建议我们也关注一下中国收养，我们就发现中国收养过程更加简单一些，注重人文关怀，能够满足我们。

收养时，加里已经当上爷爷了，许多朋友也曾认为我们这个年纪（加里53岁、帕姆44岁）照顾小孩可能有困难，但在得知我们周密的抚育计划后，转而尊重并支持我们的决定。我们办理收养的时候，家里有3个成年女儿，3个外孙子女。

在高中一年级舞会上

问题2：您二位是否曾经试图让孩子多接触中国文化？如果有的话，为什么你们决定这样做？你们是否能够告诉我们都是怎样向孩子介绍中国文化的，例如上中文课、去中国旅游等等？

回答：回到美国后，我们给女儿起名叫谢拉·达尔希尼亚。我们非常希望让她继续接触中国文化和传统，当时我们家附近就是一家世界知名的制药公司，他们雇佣了很多中国科学家，很多科学家都让自己的孩子到学校学习中国文化，例如中文、中国食品和中国艺术。

现在我们住在康涅狄格州一个小城镇上，人口只有大约3500人，而且就在我们居住的这条街上就有另外一个女孩也是从中国被收养的，她的年龄和谢拉一样，我们还见过其他很多中国被收养儿童。

体操比赛中的谢拉

问题3：拥有了中国子女的事实让您二位对中国的态度发生了变化吗？例如，感觉和中国的距离更近一些了，对于中国发生的事情更加好奇等等？

回答：当然。我们见过很多像我们一样的家长，他们收养了中国儿童。我们都认为拥有这些孩子是非常幸运而且很有福气的事情。我们对中国人民充满了热情和爱，孩子的父母作出了放弃孩子的牺牲，是希望孩子能够过上更好的生活。

我们一直都关注中国，也非常希望两国政府之间会永远保持积极的关系。

问题4：您二位能够介绍一下有关您孩子现在的情况吗？

回答：谢拉是一个迷人、优秀、充满爱、漂亮、聪明的少女，在她们学校享有很多荣耀。她喜欢数学和科学，希望今后能够成为博士、成为科学家。她也是出色的体操运动员，她参加的高中队曾获得体操邀请赛冠军。

问题5：很多报告和研究显示，在外国成长起来的中国孩子会有身份认同感问题，您二位认为您家里的孩子正在或将会面临同样的问题吗？如果没有的话，你们做过怎样的努力来避免这类问题的发生？如果已经避免了的话，你们一直采取什么措施来减少该问题的发生？

回答：这对谢拉而言从来都不成问题。我们收养谢拉的时候，她还不到3岁，我们马上让她上了日托，她很快就学会了英语。在美国生活了4个月，她就能讲流利的英语了。我们购买了中国音乐磁带和中文录像带给她，她也很喜欢。她熟悉一些中文单词，但是她在文化方面已经完全植根于西方了。

她上幼儿园的时候，几个同班同学确实对她的相貌开过玩笑，但我们回来后安慰了谢拉，帮助她坦然面对那些情况。

现在因为她的聪明过人和独特的体操技能，她不论做什么事情都是领导者，她不是一个追随着别人做事的人，也不会有随大流的想法，她是一个非常积极和坚强的少女。

问题6：你们是否愿意用一、两句话向这个孩子表达爱呢?

回答：法语中有一个非常优美的表达就是："Raisond'être"，意思是："生活的理由、存在的理由"。对于我和妻子而言，谢拉就是我们的"Raisond'être"，她让我们的生活变得更加有意义。

访谈记录整理者：加里·西格尔（收养父亲）

附：谢拉·达尔希尼亚·西格尔的成绩列表：

·优秀的学习成绩：

☆ 8年级时因优异的成绩成为全国初中生荣誉协会成员

☆ 因优秀的西班牙语成绩而成为全国初中生荣誉协会成员

☆ 高中一年级毕业时在300名学生中获得第八名的成绩

☆ 因学习成绩优秀而获得“数学奖”

☆ 因学习成绩优秀而获得“文学奖”

☆ 为“同情野营”活动当顾问，和特殊需要儿童交朋友

·体育成就：

☆ 从3岁起开始练习体操

☆ 2010年、2011年新英格兰地区体操全能、平衡木和高低杠金牌获得者

☆ 东部青少年奥运会体操平衡木冠军

☆ 两次入围高中体操全州主力阵容

☆ 东部康涅狄格州邀请赛年度优秀体操运动员

☆ 在高中一、二年级时，率领康涅狄格州高中体操运动员参加全能计分赛

我们拥有一个勇敢的儿子

收养的故事

六年前，也就是2005年10月15日，在经历了旋风般的中国之旅之后，我们带着来自中国的儿子内森回到了美国的家。

我们的收养之旅是从十个月前开始的。一个偶然的机会我们看到一名急需手术治疗的、面部严重畸形的小男孩照片，于是马上着手与上海一家能够提供手术治疗的医院联系，立即为孩子进行了手术。与此同时我们也意识到，这个可爱的孩子应当成为我们家庭中的一员。在开始准备收养文件的时候，家里其他的八个孩子都做好了迎接新弟弟的准备。

内森长有巨大的先天性面部血管瘤[①]，由于他的病情很罕见，所以中国收养中心要求领养家庭必须具备照顾这个孩子的特殊条件，令我们激动的是我们的申请很快就得到了批准！后来得知，是中心的领导和工作人员为文件的加快办理做了大量工作，我们的收养机构也尽全力使整个收养流程尽可能地简化。

内森在上海做的第一次手术非常成功，但这只是漫长治疗过程的第一步。五年来，这个勇敢的男孩经历了一次又一次的手术，就在我写这个故事的时候，他的鼻子上还缝满了针，这是在为下一次手术做准备，这也是持续了五年的一系列手术中的最后一次。在每一次手术后痛苦的日子里，他都跟他的爸爸一样：镇定、勇敢，充满力量。医生们称他为“超级明星”，他是我们全家的骄傲！

尽管内森经历了数次手术，可是随着脸部的发育，已经修补好的部分又被撑坏了，需要接受新的手术。他通过手术切掉了鼻子，这样就从根部去除了血管瘤，并于2010年1月进行了鼻子和嘴唇再造术。现在我们每周都要带内森去医院为后续手术做医疗准备，主要是填充内森额头下的组织，因为这部分皮肤将用于他鼻子的植皮手术。这个小男孩儿始终以坚忍的态度面对巨大的困难。

---

① 面部血管瘤是由血管异常增生所引起，属血管畸形或错构瘤性质。大部分在出生后不久被发现，随着患儿的生长发育血管瘤增大，虽然部分毛细血管瘤可以萎缩或自然消退，但一般血管瘤增长速度比患儿生长发育迅速，如不及时治疗会对外貌和面部组织功能造成影响。

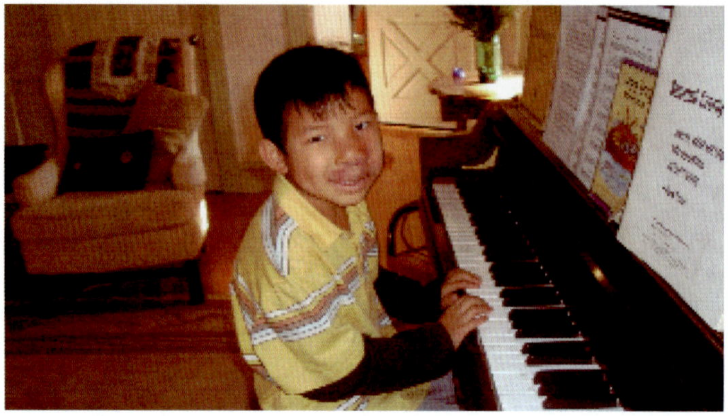

内森喜爱弹钢琴

内森的外科医生曾告诉我们，如果不及时治疗，他可能只能活到八岁，因为他的心脏已不能承受瘤子快速增长的负荷。下周就将迎来他的第八个生日了，看到这个快乐的孩子正在一步步走向康复，看到他在我们这个大家庭和朋友们的呵护中健康成长，我们的心充满了幸福。内森在学校是一个好学生，他喜欢数学，喜欢野营、游泳、骑自行车，去年还学会了滑雪，他的身体丝毫没有影响他积极参与运动和对生活的热情。

这个小男孩是一个非常特殊的孩子，他的乐观、勇敢影响了我们全家，也感染了很多认识他的人。我们常常庆幸内森来到我们家，进入了我们的生活。

慈善的故事

我们家族在亚洲、非洲和中美洲的很多国家都开展了援助项目，我们全家都亲身参与其中，利用我们的资源来帮助他人，这是我们的荣幸和荣耀。孩子们从小以各种方式参与慈善救助，并跟随我们去世界很多地方亲身经历整个过程，参与捐助和从事志愿者服务已经成为孩子们生活的重要组成部分。

我们家中的九个孩子都不同程度地参与到慈善项目中，大女儿莎拉夫妇领养了一个埃塞俄比亚小女孩，同时家里还有一个十几岁的寄养女儿。儿子安德鲁和乔纳森分别是工程师和电影工作者，他们最大的愿望是将他们的专业知识服务于发展中国家。女儿艾米丽目前生活在卢旺达，从事难民救助工作。女儿安娜在洪都拉斯的一家医院工作，协助那里的医生为残疾孩子做矫形手术。三个上中学的孩子也参与了资助贫困儿童项目，为一些不发达国家的儿童提供医疗保健用品、食品和日常生活必需品。三个孩子今年5月曾随我们一道去了海地。最小的儿子内森也跟着我们去过尼加拉瓜，为那里的学校和孤儿院做力所能及的事情。由于他本身是残疾儿童，所以内森对那里的孤儿和正在遭受病痛的孩子们有天然的同情心。

我们在中国参与的项目是开办儿童寄养中心，女儿安娜曾多次随医疗队前往那里开展工作。另外，我们还转售了部分家族产业，于2005年在上海兴建了一所儿童疾病研究机构。在儿子出生的国家里开展一项开创性的工作，对我们来说是巨大的满足。

最后必须要提到的是儿童福利院和寄养家庭给予了内森亲人般的关爱，让我们至今感动不已。这家福利院在来信中说："哈斯家族为福利院捐助的宽敞的康复中心，已经发展成为福利院以及寄养家庭每天带着残疾孩子前来进行康复训练的基地。"他们把这项工程称为"里程碑"。其实，真正的里程碑是中国的福利院对孩子们持之以恒的关爱、呵护和无微不至的照顾。我们家族在世界很多地方都有慈善项目，但是我们对内森所做的并不应被称为慈善，因为他是我们的亲人，我们的儿子。

作者：哈斯家庭（收养家庭）

全家福

过自己喜欢的生活，爱自己所过的生活

婚礼上九名从中国被收养的女孩相聚在一起（左六为希望）

颇具艺术气息的咖啡店温暖而喧嚣，这与窗外阴郁灰色的天空形成明显的对比。正当我出神地望着窗外时，室内响起语调欢快的圣诞节音乐，这是11月的一天，普通的一天，普通的地方。然而，对于我来说则不是。我一边喝着热巧克力，一边反思着自己的人生旅程，反思过去，展望未来，发现一切都不是那么普通。随着日子一天天过去，很难确定我是从哪里起步的。我要从我的最初讲起。在每一个收养故事中，都有两个方面，一面是不幸，它教会我们坚强、诚恳和感恩，一面是幸运，它激励我们、升华我们的思想并且给予我们希望。然而，在讲述我的故事前，我希望以一个积极的态度来表述它，同时保持自己思想、感情以及事情的完整性。这就是我要讲的关于希望的故事。

每当想起那决定我命运的一天，我脑海中就会浮现一个4岁的小女孩手拉手与母亲走在一起的画面。我从来不知道我们旅行的目的地是哪里，这种感受正如我此时作为一名大学毕业生的感受一样，那时的我有很多梦想，对很多人和事心存感恩，正在现实世界中寻找自己的坐标，努力实现自己的梦想，虽然这一切仍在进行中。15年前，生活处处充满生机，1995年9月14日，我与我的养父母（马修和布伦达·斯普林斯泰德）抵达美国的底特律。他们两人不仅收养了我，还赋予了我宝贵的东西，即创造自己人生的机会。他们对我的爱和支持给予了我自信，发掘了我的潜力，我要从对父母的感恩说起。他们除了满足我的基本需要，还帮我打开了通向这个世界的窗口，以寻求创造生活的机会。

当我回想迄今为止走过的坎坷道路时，我的这些想法愈加强烈起来。当我来到福利院的时候，我毫无准备，我意识到我可能永远也看不到或再次拥抱我的父亲或母亲，或与我的姐妹们再次玩耍，被遗弃和没有父母的历史也许要追随我一生。一天天逐渐变成一年年，我的年龄越来越大，我开始有了一个新的认识：即使是孤儿，也能拥有第二次机会，至少有一些孩子有这样的机会。但随着年龄的增长，我获得收养的机会变得日渐渺茫，因为大多数家庭寻求抚养或者收养的是没有缺陷的儿童。我没有被收养，不仅是因为我年纪越来越大，还因为我有残疾。想到这种种的不利因素，我越来越觉得自己被收养的几率很低，无助感困扰着我。我还记得小时候的想法，“我或许永远不会被收养，因为我不完美。”看着朋友们被收养家庭接走，我的担忧与日俱增。即便作为一个孩子，我也知道如何与上帝讨价还价。我会说这样的话：“如果你赐予我一个家庭，我会做一个乖孩子，不会制造任何麻烦；或者，如果有人需要我的话，我会让自己成为有用的人。”很奇怪我会记得这些细节，它们在我脑海中一直很鲜活。不过我相信，一切事情都有它发生的原因，这听起来似乎有些老生常谈，但我的经历确实证明了这一点。

正当我迫切需要一个家庭的时候，大洋彼岸也有人在渴望拥有一个孩子。上帝知道我们会满足彼此的心愿，而且都在等待时机。马修和布伦达的第一个孩子不幸流产，但是他们非常想要孩子，这促使他们再次尝试，令人难过的是，尝试再次失败，他们的心碎了，医生告诉他们再也无法拥有属于自己的孩子。然而，在他们的生命中还有一个更大的计划在等待他们。几年以后，他们找到了我。他们破碎的心与我可怜的身世融合在一起，实现了一个完美的心愿，我们成为了一家人，满足了彼此的愿望。他们给予了我一个美好的童年，这是我不曾体验过的。他们还在我生命中注入家庭、规则和自我价值的重要性。这些使我成长为一个懂得关爱、诚实并且负责任的成年人。

也许是与生俱来的性格，也许是我已经过了喜爱芭比娃娃的年纪，我对知识的渴求，对美国生活的适应远远比拥有玩具重要。我暗下决心要努力学好英文，熟悉美国文化，尽快融入新生活。我每天都会坐在书桌前听英文磁带，几个月后，英语就变成了我的第一语言。不久我上学了，我参加了舞蹈课、女童子军[①]、体操课以及各种课外活动，这都是我以前不敢想象的。尽管我有残疾，但是我在学校的成绩优异。我逐渐变成为一个坚毅、积极、独立、渴望成功的人。我创造机会去寻找自己喜欢的事物以及擅长的领域，我重新定义自己，我喜欢戏剧、旅游和写作，在福利院的时候，我很少有机会去探寻院外的世界。

我天性喜欢冒险，并且乐在其中。我会独自一人穿越美国各州去拜访朋友，或者横越大洋去海外学习。我的父母对此很骄傲。冒险是每个人生命中的一部分，我要将生命之火熊熊燃烧不断突破自己，超越期望，实现那些别人认为我不能完成的理想。我的父母一直在我身后，时时给予我爱护和支持。在福利院生活的时候，我曾经对自己说，“希望我能走出这个大门！”现在我仍旧会遇到这样的“大门”，但我已经学会走上去推开它。有时候，我受挫时也会沮丧，但是会时时提醒自己前方还有值得去奋斗争取的东西。

为了保持故事的真实性，我不能略去我刚到家的那段调整期所遇到的困难。虽然每个被收养的孩子感受都各有不同，但是我们在新生活的调整期都会面临一些相同的问题。家庭、文化和语言或许是大多数孩子在融入新环境的时候面临的最大问题，但对我来讲最大的困难是年龄。作为一名大龄被收养儿童，我面临的困难，源于内在的不安情绪，当时我已经很难对我的父母产生深厚的依恋。但随着时间的推移，我对他们越来越熟悉，对自己的认识也日渐深入，逐渐明白了他们对我意味着什么。我必须承认，一开始我对父母总是有种不解和疑惑，因为年龄大，融合过程更具难度，比如对我这个年龄的孩子，他们该如何对待，如何制定合适的就寝时间，如何把握关爱孩子的尺度以及解决问题所需的合适的沟通方式等等。我希望任何一对即将成为大龄儿童收养父母的夫妇在读到这里的时候，能够意识到为孩子提供适当的支持对孩子将来的发展是多么重要。

“经历苦痛才能获得喜悦”是我经常自勉的一句话，目的是让自己始终保持积极的状态。如果我不这样做，视力障碍便会极大影响我的人生。虽然它是我日常生活中的一种负

---

① 美国女童子军是个教会背景的社团，但不为宗教服务，向所有5—17岁的女孩敞开大门，旨在帮助女孩们在沟通中相互尊重、相互帮助，提倡爱国、服务、做善事，目前在全美拥有380万名会员。

担，但是在带给我失望的同时，也给了我快乐。每一天都充满了新的挑战，我必须去克服。我面对的每一次纷争都有赖于我的勤奋和坚持，就拿开车来说，我多么希望能够每天开车，因为等公车或者搭车对我来讲并不方便。在人生中的每一个阶段，比如读书、完成大学学业，我所面临的障碍随处可见。有些人不了解他们的言行会对一名残障人士带来多大的伤害，我曾有的灰心丧气绝大多数源自于此。挫折大多来自那些并不愿意了解我和我的生活的人，他们往往不能与我交谈甚至互动。但是，不管怎样，我最终成功地克服了这些困难和挑战。于是，当一想到自己已经做成了很多事情时，我就无法抑制自己的喜悦！我想如果我没有生活在现在的家庭里，很多事情都能把我击垮，因为作为一名残障儿童我几乎没有机会改善自己的生活品质。想到这里，我心中满是感恩。

我将自身的视力障碍看做上天的一种恩赐，由此我获得与众不同的机会。使我成为一种希望的象征，并且激励着那些面临同样挑战的人们。人们对于我所取得的成绩以及我所拥有的梦想感到惊讶。但是，我相信尽管身患残疾，我仍然可以选择快乐，因为我拥有坚定和独立的个性，以及高科技给予盲人的便捷。比如，我能写出我的经历，是因为我的电脑有读音软件。这个程序(JAWS)会阅读鼠标对应的文字，这样我就可以进行高效定位了。我的手机也具有读出内容的功能，我还有个GPS，在我走路的时候可以给我指路，也可以给搭载我的司机指路。以上举的几个例子只是我使用的科技中的几种，它们给我每天的生活带来帮助，也为我开启了一个全新的世界。科技还在进步，我还可以借助它的力量取得更多成就。

现在已亭亭玉立的希望

独立和坚毅的性格鼓励我勇敢向前，一步步去实现梦想，我相信一切皆有可能。迄今为止，我做过图书校对员、公关公司的项目助理、为当地校园频道编写新闻故事……我希望成为第一位盲人新闻女主播，做一个对社会有杰出贡献的人。但是，如果我的父母没有选择我做他们的孩子，我想以上这一切都不可能。

2010年5月，我穿上学士服，戴上学士帽，获得了密歇根州立大学新闻学学士学位。手中拿着学位证书之时是我一生中最骄傲的时刻，当我回想取得的这个成就时，我很难相信我确实做到了！对于我来说，这是对我的勤奋、决心和理想的考验和褒奖。我以前从未梦想过我会接受教育，更不用说上大学了，接受大学教育使我在各方面受益匪浅。首先，这是对我独立性的初始考验。上大学之前，我的家庭充满爱和温暖，但是对渴望独立的年轻人来说还有一些限制。然而，学校是一个发现自我、完善自我的好地方，我的大学生活教给我如何独立旅行、如何展示自己、如何努力工作。在我毕业的那一天，我不仅在学业上有所成就，还获得了一种走向成人的自信。在此之前，我认为我的人生是被别人而不是被自己安排的。大学毕业标志着我人生新篇章的开始，更意味着我有能力自己书写我以后的人生。

我现在已经20多岁了，每当回忆过去这20年所经历的事情时，我很难想象在短短的时间内，我的人生丰富了这么多。但有一点我可以确信：我的生活从来不枯燥，我很幸运能够经历这么多。大学毕业后，我在离父母家几个小时路程的地方自己租房子住，一个人做饭、清理房间、洗衣服、毫无障碍地独自旅行，学会适应独立生活所面临的种种挑战。能够自己照顾自己，让我引以为傲，这证明我不仅是一个有能力的人，对我父母、朋友甚至陌生人来讲，我也是个有用的人。当我告诉别人我自己租房子住的时候，他们都很吃惊。事实上，我确实像一个成人一样离开父母独立生活，这种经历提升了我独立生活的能力，也让我越发地对父母感恩。

我还认识到了一件事，那就是生活并非按计划出牌。自从大学毕业后，找工作就成为了我和朋友、家人以及相识的人之间的一个话题。但是经过一年半的时间，我还没有找到满意的工作。正如我之前说过的，我想成为美国第一位盲人女主播，去年，我有幸在当地电台与一位女主播共同主持一场实况新闻。此后，我更加坚定了要在广播领域工作的信念。此外，我还尝试申请新闻类工作，申请加入和平队组织[①]，并且准备继续攻读法学院。但是，小时候的经历让我怀揣着一个梦想——将来回到中国，开一家福利院，帮助更多的孤儿。我梦想着为孤儿们创建一个乐园，让他们感觉到自己的生活没有任何缺失。

---

① 和平队（Peace Corps），美国政府成立的一家志愿服务组织，并得到美国国会以通过《和平队法案》的方式授权。和平队队员需要为其义务服务两年，宗旨是："促进世界和平和友谊，为感兴趣的国家和地区，提供有能力，且愿意在艰苦环境下在国外服务的美国男性和女性公民，以帮助这些国家和地区获得训练有素的人力资源。"目前，和平队在70多个国家和地区有活动。

从12岁起，我就一直怀着这个梦想，我现在所有的尝试和努力都是为有朝一日实现我的理想。

机会是在8月份降临的，当时我与一位为收养故事撰稿的作者谈话。她当时想要写一篇大龄被收养儿童的文章，于是约我电话访谈。访谈之余，我对她讲了我想开间福利院的想法，并且问她有没有认识的人。她说她会留意，之后我们就挂了电话。几天以后，她给我发来一封邮件，里面提到一名联络人，说我可以联系这个人。凑巧的是，这位联络人我听说过，她叫陈跃建，曾在我一位好朋友丽锦的收养过程中起到过重要作用。

丽锦和我来自同一家福利院，我们是很好的朋友。事实上，我们家当时也非常想收养她，作为我的妹妹，但是最后没有成功。丽锦在一年后被另外一个家庭收养了，但我们的友谊并未中断。我们两家离得不远，只隔一个州，假期的时候总能在一起。丽锦几年前结婚的时候，我们都参加了她的婚礼。婚礼那天是我和跃建第一次见面。所以，当我从邮件中获得她的联系方式时，非常激动。我当即给跃建发了邮件，问她是否知道如何开办孤儿院。几个星期之后，跃建给我打电话，她告诉我一个项目，问我想不想参与。跃建向我介绍了这个项目的性质和目的，该项目叫做“和平屋”，几年前由一位名叫德蕾莎·陈的女士发起，主要是为患有身体疾病的儿童提供暂时的住所。德蕾莎遇到些问题，不想再继续做了，所以需要别人接手，陈跃建建议我考察一下这个项目。虽然我对实际情况还不是很了解，但是跃建对我的信任激发了我的热情。事实上，跃建愿意让我试一下，我想是因为我具有和这些孩子相似的经历，我感觉我的人生找到了目标，觉得这是上帝对我的一种安排，也是给我人生的第二次机会，这是对我生命的一种感召。我相信，我被选中是因为我有责任向其他孤儿传递我之前得到的关爱。

到目前为止，我所经历的考验和不幸都像一场梦。我感到自己有责任去做好这件事情。我希望能够对每一位我遇到的孩子付出爱心、帮助和安慰。前方有一个伟大的目标需要我去完成，正如我之前所说的，我相信任何事情的发生都有它自身的原因。我相信，上天给我指明了生活轨迹，让我为那些孤儿们重建属于他们的生活。我深知，在前方肯定有很多挑战和困难等待着我，但是我知道我背后有强大的支持。我的朋友、我的家人、我未来的同事，当然还有上帝与我同在，我相信我能够成功。

那个若干年前的小女孩，那个当年不确知自己未来的小女孩，如今已经长大成为一个能够掌控自己未来的年轻人。就在妈妈放开我的手，让我独自行走的那天，我知道这个决定是出自她对我的爱。我不知道她是否对命运有所知，但是我知道她作出这个决定的时候，心情是沉重和悲伤的。她不能给我提供我所需要的生活，但是如果她今天能够看到我，看到我现在的生活，我相信她肯定会为我骄傲。虽然我很难说出，但我感激她当年离开我，以她无私的勇气和力量，让我独自上路，获得我现在的一切。我相信一切美好才刚刚开始，我的未来还有很多使命，过去这23年的生命历程为我做好了准备，以应对将来生活中出现的种种挑战。作为一名被收养孩子，生活中经历过的所有挫折使我拥有大多数人所没有的品质，并注定自己将从事需要这些品质的工作。

假期，我去看望了我的父母。窗外，风雨交加，屋内，我感到了家庭的温暖和安慰，这是我多年来一直追寻的。在我将要讲述完这个关于希望的故事时，我的悲伤已经被喜悦的泪水所替代。回顾我走过的历程，我觉得我的人生简直就是一场奇迹。在几个月后，我将回到中国，也许我会握着一个小女孩的手，告诉她，生命中充满了可能，我会给她梦想和微笑的理由。我已经承担起看护这些孩子的责任，希望能给他们的人生带来一些积极影响，正如我当初接受帮助一样。我现在的目标是竭尽所能去帮助这些孩子，让他们未来有所不同。我已经做好准备向未来前行。我迄今为止所获得的成就都仅仅是我对未来的积淀，虽然我还不知道在未来的岁月中，有什么在等着我，但是我确定我已经做好了准备。

希望和她的男朋友

虽然我知道我的奋斗还远远没有结束，但是我对于我所学到的经验教训以及教会我这些的人们心存感恩。我所有的经历都在我的人生之歌中留下了印记，我相信，我的生命之歌会更加甜美和嘹亮。

作者：希望（霍普·斯普林斯泰德）（被收养人）

扬州友好大使——杨乐意

"我是扬州人，我爸爸是美国的大使，我是扬州的大使。"

——杨乐意

杨乐意和爸爸洪博培

当得知洪博培[①]新任美国驻华大使的时候，杨乐意开始被很多媒体关注。而对于福利院的妈妈们来说，乐意正是他们众多儿女中的一个。她们记忆中的乐意长得很漂亮，一双会说话的眼睛特别招人喜欢，而且很乖巧，吃饱了就睡，几乎不哭，刚来不久就很快融入到了福利院这个大家庭。给她取名"乐意"，是希望她一生快乐如意，也是因为她在菜市场被警察发现时，襁褓中的她笑容满面，好像根本就没有发生什么不幸的事。而今，洪大使上任后，乐意也将随父母来中国生活，当年的小婴儿今天长成什么样了呢？

虽然没有见面，但在过去的十年里，洪博培一家与扬州儿童福利院一直保持着联系，他们常写信给福利院并附上最新的全家福照片。信中他们和福利院分享着乐意成长的点点滴滴："真的很感谢福利院能够赐予我们这个女儿，因为她，我们的生活显得如此不同。她很聪明而且非常文静，她喜欢去学校，而且有很多的朋友。希望有机会回扬州看看。"每年的圣诞节前夕，福利院经常能收到洪博培一家的贺卡，他们用中文写满了对福利院的祝福，比如"新年快乐"、"天天向上"等等。2006年圣诞，福利院收到一封来自洪博培全家的贺卡。卡片封面是洪博培的"全家福"，洪博培和妻子以及他们的孩子们，加上小乐意一共8人，全家人笑得都很灿烂，小乐意看上去更加活泼、可爱。洪博培全家对扬州的美好祝福则呈

① 洪博培 Jon Meade Huntsman, Jr.(小乔恩·米德·亨茨曼)，第9任美国驻华大使，共和党人士，于2011年4月30日离任。1999年12月，洪博培夫妇在中国扬州收养了一名弃婴，并为其取名Gracie Mei（杨乐意）。

洪博培夫妇与领养的中国女儿杨乐意（左）、印度女儿（右）

现在眼前，中文意思大致是这样的：

“致扬州儿童福利院的朋友们——多么想让你们知道，我们全家是多么地爱我们的小公主GRACIE MEI（即杨乐意），GRACIE MEI给我们全家带来了巨大的欢乐，同时祝愿扬州福利院安好。”

得知洪博培大使已经来中国上任，扬州儿童福利院很快发出了邀请信，希望洪大使全家带着乐意回来看看福利院、看看家乡扬州。洪大使一家欣然接受。

得知小乐意将回福利院的家，周仪等许多工作人员高兴得几宿都没有睡意，因为小乐意曾被这些阿姨们亲手喂养过7个月。对于这个天使般的精灵，10年前的一幕幕，周仪等人记忆犹新。1999年12月15日，洪博培与太太从美国来到了扬州市儿童福利院。当洪太太把小乐意抱起来的时候，她激动得哭了，因为孩子正在冲着她微笑。夫妻俩当时说：“我们知道，这就是我们的孩子，是上帝送给我们的天使。”

周仪一边回忆着一边从办公室柜子里拿出了一个精致的抱枕，这是她特地准备好要送给小乐意的。抱枕上面绣着一朵美丽的兰花，兰花象征着圣洁和美丽，那是十多天前，听说小乐意要回家，周仪悄悄绣好的，想让小乐意一看到，就想起福利院爱她的妈妈们。

2009年12月冬日的下午，一辆面包车驶进儿童福利院。美国驻华大使洪博培与夫人玛丽，带着可爱的杨乐意下了车，大家纷纷涌上前，都想看一看这个漂亮的“大使千金”。只见久别的杨乐意，身着一身唐装，洋溢着中国元素，睁大着一双美丽的眼睛，好奇地看着周围的一切。在院内的广场上，福利院的妈妈们为小乐意举行了一个简短的欢迎仪式。

福利院的妈妈说：“看到乐意长得如此漂亮，生活如此幸福，感谢大使先生和夫人，谢谢你们对乐意的照顾，谢谢你们给她的快乐。时间在变，但有一件事情始终没有变，这个地方始终是孩子的第一个家。小乐意回来了，我们中国扬州的妈妈们非常兴奋，让十年的爱再次延续吧。”扬州妈妈的话音一落，小乐意与父母一起开心地鼓掌。有一句中国古话叫“花好月圆”，简短的欢迎仪式之后，杨乐意一家与扬州市的领导们一起挥锹培土，种下了一棵桂花树。那棵枝繁叶茂的桂花树，原本生长在福利院的河边，至今已有30个年头。为了迎接小乐意回家，福利院特地将这棵桂花树移到了院子中央，这棵象征友谊和亲情的高贵之树，将见证一个扬州小姑娘在中美人民爱的怀抱里健康成长。

当一袭红装的小乐意，抱着一只熊猫玩具，在大家的簇拥下跨进福利院的大厅时，已经在这里工作了近二十年的周仪，上前一步紧紧搂住小乐意，然后在她的左右脸颊亲了两

杨乐意和爸爸妈妈重返扬州福利院（图片摘自扬州民政网）

下，嘴里说道：“乐意，你回家了，大家都在想念你呀！”之后，曾经在这里抚育过小乐意的工作人员，依次给了她一个充满爱意的拥抱。

周仪说，她曾经想像过无数次的见面情景，但是最后她的愿望就是，能够紧紧地抱一下这个女儿足矣。拥抱之后，周仪的心怦怦直跳。她说，孩子回家，我是既高兴又伤心。高兴的是，十年分别终于见面了。伤心的是，孩子走的时候，那种内心的难舍之情真的无以言表。

在多功能活动室里，福利院的孩子们唱起了欢快的健康歌，然后，孩子们拉着小乐意，来到一棵美丽的圣诞树前，乐意与小朋友们一起唱起了圣诞歌。孩子们有的送上花环，有的送上精美的礼品，大家还争着与她合影，浓浓的亲情和爱意，将小乐意层层包围。看着女儿快乐开心的样子，洪博培夫妇的脸上始终洋溢着灿烂的笑容，并跟着一起拍手唱歌。

之后，大使一家在新落成的儿童楼会议大厅观看了涉外收养系列活动专题片，市委副书记洪锦华、市民政局局长顾敏、儿童福利院院长刘爱萍分别向杨乐意赠送了礼物，杨乐意也向刘爱萍院长赠送了一只玩具熊猫和一张手写的贺卡，并现场写下这样的话：“作为一个自豪的扬州人，我希望你们记得我，因为我每一天都把你们记在我心里。”她还为福利院留下了珍贵的手模。

在接受媒体采访时，洪大使说：“乐意是很重要的一座桥，她在美国帮助很多人了解中国文化、历史、经济。我是美国驻中国大使，我的女儿乐意是更重要的大使，因为她代表中国和美国的年轻人，将来她会来中国，当友好使者，相互学习，相互帮助，这也是我们为什么收养杨乐意的原因。我相信这样的事会越来越多，美国人会加深对中国的了解，而中国人也会加深对美国的了解。”谈及当年领养乐意的情景，洪博培夫人玛丽说：“那是1999年5月19日的晚上，当时我和丈夫、大女儿共进晚餐，大家边吃边聊，丈夫说，我们应该领养一个中国女儿，就以今天作为她的生日！很快乐意就成了我们家庭的一员，我们一直在想，什么时候能够回扬州看看。这些年，我们的心有一部分在扬州，今天这个愿望终于实现了。对我们全家来说，扬州是除了美国老家以外，世界上最重要的城市，非常感谢你们把乐意带给我们家，以后我们会和乐意常回扬州看看。”

两个小时很快过去，分别的时候就要到了。临上车时，周仪将自己绣的抱枕送给了小乐意。抱枕上绣着“祝杨乐意快乐每一天 周妈妈赠”的字样。小乐意非常有礼貌地收下

杨乐意和爸爸妈妈重返扬州福利院（图片摘自扬州民政网）

并致谢，然后与大家恋恋不舍地道别。周仪说："当我想到孩子抱着它时，心里就会有一种温暖。"说这话时，周仪的眼泪掉了下来。看着远去的面包车，专程从北京赶来的中国收养中心副主任甘薇薇说："什么是母亲，就是当孩子离家的时候，最舍不得的那个人；当孩子回来的时候，最激动的那个人；离别时，最难舍的那个人。"

其实这次回家，杨乐意已期盼了很久。2009年10月28日，洪博培到杭州出席第二十届中美商贸联委会会议，当天晚上，洪博培与女儿通电话，这对父女有个约定，只要洪博培离开北京，每天晚上，父女俩都要通一次电话。已在北京学习中文的杨乐意，还会通过电话对爸爸进行"现学现卖"的中文小测验。那天晚上，当听说洪博培正在杭州时，电话那头的女儿突然稚气地问道："杭州离扬州是不是很近啊？"洪博培深情地告诉女儿："扬州离杭州是很近，这一次我没有时间，但我很快就会带你去的。"听到这话，女儿开心地说："你可一定要快点带我去啊！"这一段故事，是市民政局顾敏局长向记者讲述的。11月6日，顾敏随扬州市委副书记洪锦华专程到北京拜访了美国驻华大使洪博培，洪博培亲口讲述了女儿的这段故事。洪博培说，扬州有我女儿生命的根。作为小乐意的父亲，他认为自己就是扬州人。虽然小乐意在美国长大，但她本人对扬州有着很深的感情。洪博培自豪地讲，小乐意曾经对胡锦涛主席和奥巴马总统说过，“我是扬州人，爸爸是美国的大使，我就是扬州的大使。”

回到北京后，乐意写信来说，她现在每天都在努力学习中文，希望可以像爸爸一样，成为扬州的大使。如果将来有机会，希望能够在扬州生活，因为她是扬州人，她爱扬州。不同国度的两个家有着同一份爱、有着同一份情，更有着同一个约定：家在美国，根在扬州。

扬州市儿童福利院供稿

执笔：范菁菁

乐意在福利院的合影（图片摘自扬州民政网）

3352团童子军

3352团女童子军成立于2008年，由从中国收养的女孩组成，成员从一开始的14名发展到现在的44名，分别就读幼儿园、一年级、二年级、三年级、四年级和九年级。她们每个月会集合在一起通过传统的女童子军活动或课程来学习中国文化，这些将成为她们永远的珍贵记忆。

由于年龄段不同，这些女孩子们拥有不同的兴趣和爱好。有些喜欢足球、游泳、武术、篮球和体操，有些在钢琴、小提琴、舞蹈和艺术等方面具有天赋。有的女孩在福利院的时候就已经是好朋友，这使得她们之间有着妙不可言的联系。

这些女孩有机会学到很多她们祖国的文化传统，她们一起参加过茶道仪式，种植中国蔬菜，曾在中秋节下雨的时候在小路上跳舞，一只手举着灯笼，另一只手撑着雨伞；年龄较大的女孩们在端午节时划船获得了胜利，年龄较小的女孩们则在一旁为她们加油。成员刘璐璐传授女孩们中国餐桌礼仪，还有如何写自己的中文名字；成员凯瑟琳·朱教女孩

女童子军的集体照

们用彩带和扇子跳舞；成员露西·刘跟女孩们分享在中国成长是什么样子。

3352团还参观过达拉斯的自然科学博物馆，研究中国恐龙和西方恐龙的不同之处，她们研究古生物，以及恐龙是否曾在她们的省份出现过。童子军团曾在达拉斯动物园的大象馆旁边过了一夜，观看了亚洲虎，喂了亚洲水獭。女孩们还经常参观一些中国的艺术展览，例如欧文艺术展览馆的成吉思汗展。

卖饼干募捐

这些女孩子得知了李霞卿[①]的英雄事迹，了解到她曾经在第二次世界大战中为帮助和保卫中国立下了汗马功劳。她的故事非常鼓舞人心，她美丽、勇敢、坚强、处世果断有谋略，这种品质正是女童子军应该具有的。在霞卿来美国为中国抗战募捐时，芝加哥市民为她组织了游行，当时走在游行队伍最前面的就是童子军。

另外，还有一位名人——琳赛·亚当斯，女童子军们曾集会拜望过这位当地英雄。琳赛受两个妹妹的鼓舞，16岁只身前往中国，帮助一寄养家庭工作。琳赛给女孩们讲她在中国的经历，特别是她在中国居住时发生的故事，都快把这些女孩子们给迷住了，童子军团还为琳赛曾经工作过的寄养家庭做了生日礼盒并邮寄给了她们。女孩们还在当地食品工厂收集易拉罐食品，做成生日礼盒送给家庭活动中心，给苏格兰仪式医院做字谜并捐书，让那些住院的小病友从中得到快乐。得知中国3月有植树节后，童子军也先后在当地公园里种下了21棵树。

孩子们在过去的两年里非常努力地卖饼干，因为她们知道，她们每多卖一盒饼干就能多酬集一份钱，帮助更多中国孩子接受挽救生命的手术。孩子们第一年卖饼干筹集到了

① 艺名李旦旦，1912年4月16日出生于广东省海丰县一个富有革命传统的富商家庭，曾是上海家喻户晓的电影明星，后考入瑞士日内瓦某飞行学校，拿到瑞士的飞行执照后，她再去美国波音航空学校深造。在那里通过航线、战斗、盲飞和特技等各科目的训练。“八·一三”淞沪之战爆发，亲自驾驶着橙红色的“新中国精神号”单翼轻型飞机，开始作“抗日救国，匹妇有责”的环美募捐飞行。李霞卿这次环美飞行募捐，激励了一批华侨和美国人的捐款热，并一度在全美掀起“李霞卿热”，令她的救亡募捐获得了极大的成功。她所到之处受到华侨及美国航空界人士的热烈欢迎，盐湖城还派出十五架飞机在离城市廿分钟航程的上空迎接，俨如国宾。1940年，在一次募捐飞行中，李霞卿不幸失事遇难。

700美元，这些钱帮助一个叫艾拉的7个月大的小女孩做了心脏手术。艾拉从小就有心脏病，现在她生活在中国的寄养家庭里。2011年，3352团童子军卖饼干筹集了1000美元，帮助14个月大的基利做了心脏手术，尽管手术比预期要复杂得多，但是基利很勇敢，现在她非常愉快地和抚养她的家庭生活在一起，她的身体也一天天地强壮起来。

作者：金伯利·佩吉
来自《达拉斯晨报》

植树日

四季桂花香

素桂，美国女子坐式排球[①]队队员，随队参赛获得2006年荷兰坐式排球世界锦标赛第五、2007年上海坐式排球邀请赛亚军、2008年世界排联洲际杯残疾人排球赛季军和2008年北京残奥会坐式排球亚军。人们只知道素桂是一位出色的排球女将，是一个长着亚洲面孔的美国人，但并不清楚，其实在8岁之前她一直生活在中国云南，由于患有先天性羊膜带综合征，她的手指和脚部发育不全，出生后不久便被父母遗弃，所以一直由昆明市儿童福利院抚养。1995年，来自美国纽约州的克里斯夫妇收养了她，从此她离开出生国，远赴美利坚，开始新的人生。因为这样一个渊源，素桂在参加完北京2008年残奥会后就主动联系并访问了我所在的单位。

我所在的单位是中国儿童福利和收养中心，是受中国政府委托、专门负责涉外收养事务、具有国际公益性质的事业单位，成立于1996年。当你走在北京、广州等城市的街头，发现一对外国夫妇推着婴儿车，里面安然地坐着个中国孩子时，千万不要惊慌，这就是大家能够接触到的最直观的涉外收养。这些年，经我们单位被外国父母收养的孩子有上万名，但是像素桂这样已长大成人的被收养人的亲自到访还只是刚刚开始。长大以后的被收养人都有这样的心愿，作为中国的孩子，能够回到祖国，找到那种被认同、被接受的亲切感和归属感，是非常重要的，而且是一种极大的满足。因此素桂特意向残奥会组委会提出了她的请求。

素桂参观了我们这里所有的业务部门，还认真翻阅了自己的收养档案。她看上去是个纯朴的姑娘，平和、乐观、待人有礼，在和专程赶来看望她的民政部副部长窦玉沛见面时表现也是落落大方。这和我印象中热情奔放的美国姑娘大相径庭，而且这样文雅的女孩子竟然还是残奥会女子坐式排球的银牌得主。她与我之前特意向美国的合作组织了解到的情况也不一样，据说小时的她害羞、自卑、不合群。我想和很多被收养的孩子一样，这种改变一定是来自美国收养家庭对她的爱和帮助。

---

① 坐式排球是专为双下肢残疾的人设计的一种坐地面打的排球运动。

民政部副部长窦玉沛亲切地接见了素桂并送上祝福

美国合作组织的工作人员告诉我，由于在福利机构过惯了集体生活，素桂在刚被收养时对家庭基本没有什么概念，于是克里斯夫妇就想尽办法来培养她对家庭的认识，帮她寻找安全感，让她相信爸爸妈妈、哥哥妹妹都是她的家人，会无条件的接纳她、爱护她。夫妇俩从ABC开始教她学英文，指导她更好地适应新环境。为了拉近彼此的距离、同时也为她保留同出生国的联系，他们还大量收集和阅读有关中国历史文化和风土人情的书籍和资料，展现对女儿原有历史背景的认同和尊重。就这样，素桂慢慢变了，成了一个愿意敞开心扉、热爱生活的人。她喜欢上了烹饪，喜欢研究中国菜谱，甚至还想在将来以此为业。她迷上了排球，虽然残疾却靠着一股韧性练就了出众的技能，因此机缘巧合的入选了实力雄厚的美国女子坐式排球队。她找到了幸福，也希望别人一样幸福，于是在2006年独自一人回到中国，去福利院做了七个星期的义工，照顾那里的孩子，哪怕只是做些喂奶、换尿布、洗衣服之类的小事。

这就是我所知道的素桂，直到现在，我还是会不由自主地把她定格在2008年残奥会获奖后来我们这里访问的那一刻，那种迎接贵客到来的隆重场面，那种激动而又紧张的气氛……但其实她的生活像寻常人的一样一直在继续。从美国那边传来的最新消息，现在的她已经结婚生子，宁静而幸福地步入了人生新的阶段。

素桂就是这样一位特殊访客，她既是个普通女孩，又是个不凡的排球选手，她出生在中国，而成长在美国。她的亲生父母是中国人，而抚养她长大的是美国父母。她的经历和她的人生让我联想到了生长在素桂家乡的桂花，桂花细碎的花朵虽小，但总能散发出沁人心脾的幽香，时浓时淡，香飘四溢。当然这绝不是由她而引发的简单联想，更是因为她们颇为神似的一种品质：纵然遇到风风雨雨，她都会坚强而美丽地绽放，香浓时引你来看来赏，清淡时安静地存在、悠然地生活。

中国儿童福利和收养中心供稿

执笔：王云梅

历史成就未来

我是Marjolein van den Berg，4岁时被荷兰养父母收养，我的中文名字叫小常，是家里唯一的孩子，到10月份我就24岁了。我喜欢写作、读书和体育健身，我爱我的男友、猫咪（James，其名字取自于007特工詹姆斯·邦德）、父母、家人、朋友以及意大利面。我有个小小的习惯就是逢意面必吃，假如我现在在餐馆里，我首先要做的就是查找这里是否有意大利面可点，有时我会考虑点些别的菜，但是他们还是会以失望而告终，因为我还是会点意大利面吃。我也喜欢谈论有关意大利面的一切，你是否觉得我有点奇怪呢！然而，每个人都有独特之处，对吧，我就是。

亭亭玉立的小常

我的父母从一开始就告诉我是被收养的，他们说我是在飞机上出生的，从此我便由现在的父母照料了。当时我年龄太小，以致很难理解大人所说的话，父母就给我买了很多儿童读物，易读而且很短的那种，当我长大一点的时候，他们便告诉了我的真实故事。幸运的是，身边所有的人都接纳了我，我视自己的养父母为亲生父母，所以我想尽一切办法来忘记自己被收养的事实。

可是，直到现在，我每月都会做一次同样的梦，那是有关生母的梦。她骑车带着我，这个梦很短，我看不到她的脸，只有背影。我为什么总在重复做着同一个梦，它究竟意味着什么呢？我无从知晓。

小学是我人生中比较糟糕的时光，因为我总会被欺负。这对我来说就像噩梦一样，我觉得没有安全感，为了逃避所有的一切，我选择沉默。

我的脖子和腿上有很难看的疤痕。小时候我的腿有残疾，所以被列入了特需儿童名单。那时的我无法直线走路，因此福利院给我做了手术，这才留下了那些可怕的疤痕。我曾想自己为什么要背负

2006年作为自行车比赛礼仪小姐

小常1992年初到荷兰

这些难看的疤痕，为什么是我？

小的时候，我梦想同时成为母亲、空姐以及作家。上中学后，我发现自己真正喜欢的是做一名体育记者，所以我决定报考体育大学，去学习所有的体育项目和体育规则。学习期间，我给各种各样的人上过课，高的矮的、老的少的。每年我都会去做几个月的实习，我去过荷兰政府、监狱、学校和一些团体。在监狱实习期间，很大程度上帮助我重拾了信心。自那以后，我把疤痕看做是幸运物，而不再是坏事。我意识到自己是被上帝眷顾的，因为我能够行走，如果没有那次手术，也许我的一生都要在轮椅上度过，而现在的我却能走路、跑步、骑车甚至是开车。

初三时，母亲问我是否愿意和她及其他5个家庭一起去中国，这么多年后，我终于决定来中国了，去看我小时生活过的福利院，我对此很好奇。这次中国之行让我很受震动，所以我决定做点什么来回报福利院。我在长沙福利院申请做了一个月的志愿者，给孩子们上体育课、和他们一起做富有创造性的事情，这是一段非常美好的时光。但祖母过世的消息中断了这段时光，我必须回荷兰，并停留了三个星期。我非常的伤心，流了好多眼泪，甚至都不知道自己是怎么哭的了。之后我才明白，这是因为亲生父母抛弃了我，所以害怕家人会再次弃我而去。我的心中就好像有一堵无形的墙，使我难以逾越。说实话，我很怕孤独，虽然我可以独自一人，但我更喜欢有朋友们的陪伴。我发现自己就是“十万个为什么”，正因如此，我总是喜欢提问题。中学毕业后，我决定做一些与亚洲有关的事情，并学习汉语和中国文化。我考入了鹿特丹商学院，学习针对亚洲的贸易管理专业。真是我的历史连接着我的将来。

三年后，学校给了我来亚洲做一年交换生的机会，这意味着要在中国进行数个月的学习，同时还要去实习，这也是我来到中国儿童福利和收养中心的原因，而我在这里实习最主要的原因是想了解更多有关自己的背景，因为我同样也是被收养的，我碰巧还是首例

与荷兰同学一起在北京工业大学获得证书

被荷兰正式收养的儿童，是通过梅龄基金会进行的。我多年挣扎于自己被抛弃的事实中，但就在3年前，我终于接受了这一切。现在的我爱上了中国，同时痴迷于中国的历史、文化以及美食。我喜欢去阅读欣赏中国历史，想去了解更多的中国文化，去吃特色小吃。能够在中国儿童福利和收养中心实习，我感到非常荣幸，可以近距离接触到收养程序，这里的工作人员友好而且很有耐心。

我来北京已有6个月了，虽然我很想家，想回荷兰，但我也会舍不得北京。我同另外两个荷兰室友，一起在松榆北路合租了一套三居室的房子，感觉就像是在自己家一样，徒步到北京工业大学和劲松地铁站都仅需15分钟。在北京工业大学上学期间，我结识了许多国际交换生，因为都来自国外，所以我们在一起不存在任何差异，只有性格上的不同，不存在文化差异。我和他们在一起感觉非常开心，他们帮我从思乡的情绪中解脱出来，可惜现在，他们纷纷回国了。

我去过很多地方，比如西安（看兵马俑、游览城市、爬华山），内蒙古（睡在一个坐落在沙漠上的蒙古包里、骑马、骑骆驼、游览城市及寺庙），大连（游“小桂林”、动物园、海滩及城市），天津（游览城市），上海（乘游船、游览城市、寺庙、公园），成都（参观大熊猫繁育基地、游览城镇、寺庙以及公园），长沙（参观韶山毛泽东故居、橘子洲、福利院、寺庙、公园等）。通过旅行，我看到了地域间的差异，这也使我对中国更感兴趣。荷兰的朋友通过阅读我的网络日志，来了解我的经历以及旅行心得，人们经常会在我的新故事上留言，他们很好奇并且想知道我在北京的近况。我的生日（10月7日）马上就要到了，我会在杭州庆生（10月3日至10月9日）。实习结束后，我很想去其他地方旅行，例如越南、印度尼西亚或是马来西亚。

自从我来到中国，我对自己的将来有些迷茫，也许做什么都可以，也许什么都不喜欢，这使我感到很担心。但我仍依稀记得自己最初的梦想，我热爱写作，我可以把它当做爱好甚至是工作。就空姐来讲，这是一个富有挑战性的职业，可以让我见得更广，这正是我想要的。但有一点我是非常肯定的，我想成为一位母亲，拥有我自己的孩子以及我所收养的孩子们。

作者：梁小常（Marjolein van den Berg）（被收养人）

2008年在长沙儿童福利院

附：梁小常的父母亲给中国儿童福利和收养中心的一封信

用了3年时间办妥一切手续，在1991年的12月31日我们终于同另一对夫妇搭乘飞机从阿姆斯特丹飞到香港，再乘坐火车到达广州转机至长沙，去接我们的女儿——（Marjolein梁小常）。

1991年12月11日我们接到了征求意见书，12日我们就收到了孩子的照片。当时，拆开信封的那一刹那我有一些紧张，因为这将是第一次我们与这个孩子的亲密接触，幸运的是，我们被孩子征服了，瞬间爱上了她。

结婚20年来，我的婚姻一直幸福美满，只是我们在生育方面有些问题，不过我们满怀爱心和真诚决定收养一个孩子，孩子来自什么地方不重要，任何有需要的孩子都会是我的宝贝，所有人都很支持我们的决定，从孩子到家开始，大家更是无微不至地给予她关怀。

从那天起，我们爱她视如己出，虽然生育问题没对我们的甜蜜生活带来太多阴霾，但是没有孩子的家庭始终是不完美的，收养了Marjolein，我们全家都兴奋得不得了，屋子里铺满了鲜花迎接我们，镇子里的人，像是过节一样的欣喜。

我们觉得让孩子知道一些自己的身世对于她以后的教育很重要，我们告诉Marjolein，中国有对很爱很爱她的父母，只是一些客观因素使得他们无法照顾她，她听了后想了一会儿，很快就回答，“好的，没关系!你们永远都是我的父母！”

她对中国的兴趣始于她19岁那年参加了回家乡的寻根回访团，从那以后她就萌生了到长沙福利院做志愿者的想法，还说服了她的小侄女同去。Marjolein十分想看看自己的档案，还想知道更多自己的身世。有人问及她的东方长相，她便会回答别人说：“我就是荷兰人！”选择针对亚洲的贸易管理专业是她自己的主意，我们夫妇俩还有她的男朋友都十分支持她，她现在已经在中国待了8个月了，我们十分想念她，但是一想到12月16日她将完成在中国的学业和实习回家来，我们就感到了些许安慰。在这几个月里，她游览了很多地方，对自己美丽的故乡有了更深的了解。

我们夫妇俩在梅龄基金会工作已经15年了，为许多中国孩子在荷兰寻找到了珍爱她们的养父母，从1996年10月9日开始，我们去过中国的很多地方，每次我去中国，都感到回家般温暖。工作已经成了我生活的一部分，因为我必须投入很多的爱心和精力，跟无数个家庭一起努力，跟很多可爱可敬的同事一起工作，我们很感恩。每当有一对对的父母收养到自己的孩子，高兴得热泪盈眶，我们都能感同身受，尤其是想到这些孩子都得到了如此好的归属，我们激动的心情更是难以言表。

我们为女儿感到骄傲，打心底里爱她，虽然我们不经常表达，但是我坚信她能感受得到。她有很多目标，而且她永远都知道自己应该怎样达到，该怎样学习怎样奋斗，她都有自己的计划。

最后，我们希望梅龄基金会和中国儿童福利和收养中心的合作能一如既往的融洽，永远秉承一个信念：“一切为了孩子！”

艾瑞和艾尼克·范德坎普

自信、关爱、感激
——对两名中国大龄被收养人的访谈

关于基恩·克尔

基恩·克尔现在12岁，5岁时被养父母戴夫和明蒂收养，当时她已在福利院生活了近4年。戴夫说：“我们亲切地管基恩叫‘将军’。”我们见到她的时候，她不停地和我们说英语。我问一位来自北京的女士她在说什么，那位女士说：“没什么，只要明白她是‘将军’，你们是士兵就行了。”很多人都称赞我们将基恩教育得很自信，颇有领导风范。其实从基恩来到我们身边时就如此，她向来是“先人后己”，你会发现她为大家到商店买东西是很平常的事情。对我们而言，能够看着她成长是上帝赐予的一种幸福。

基恩参加了许多活动，诸如篮球、高尔夫、弹钢琴和拉小提琴等。她还参与了一个教堂慈善项目，为中国一家福利院的30个特殊需要的孩子拉赞助。她盼望着明年夏天能去中国看看那些孩子们，以及那些在福利院和她一同生活过的保育员和孩子们。

基　恩

基恩和琳

提问：对于收养，什么事让你最满意？

回答：拥有了家！我非常爱我的父母、兄弟姐妹、爷爷奶奶、姥姥姥爷、叔叔舅舅、姑姑阿姨、堂表兄弟姐妹以及侄女、外甥女们。

提问：你遇到过什么困难吗？

回答：因为我和父母长得不像，所以有时候会觉得比较麻烦，但是我知道大家都爱我，这让我感觉我是独一无二的，特别酷。

提问：你会对考虑收养中国福利院孩子的父母说些什么呢？

回答：你们应当收养中国儿童，那里有很多孩子期待着有一个家。

提问：那么你会给年幼的中国被收养人什么建议呢？

回答：常怀感恩的心，感激你所拥有的一切，每天都感谢帮助你的人让你有了一个家。

关于琳·玛丽·克尔

琳·玛丽·克尔在福利院住了3年，10岁时琳通过浩德组织被家庭收养，她现在已经16岁了。

琳的父亲戴夫说：我们收养琳·玛丽的那天，她告诉我们自己是福利院里“最淘气的孩子”。我听了觉得很有意思，太可爱了！当然第一年对于所有人都不大容易。开始时，她唯一知道的英语单词就是‘不’，她常用这个词。现在，她是一个非常有趣、聪明、容易相处的青少年。琳不仅在普通话和英语读、写、说方面的能力非常优秀，而且还在学习西班牙语。琳会在今后的几年内回中国看看。”

提问：给我讲讲你自己吧，琳。

回答：我现在参加了高中高尔夫球队、教堂活动以及弹钢琴，每个星期日下午我会去中文学校学习。我期待着明年夏天能够回中国一趟，在我们参观福利院的时候给大家当翻译。我也想去看看自己曾住过的福利院，去见见老朋友们。未来我希望当一名国际律师或者接管我父亲的生意，然后向中国拓展。不管哪种方式，我都希望能在美国和中国之间往返及生活，能够和中国福利院的孩子们相处，让他们感觉希望所在。

提问：你认为收养给孩子带来的最大益处是什么？

回答：拥有一个家庭。我和我的家人感情非常好，尽管我被收养的时候年龄已经大了，但我认为这就是我的家，有我所有的亲人。

提问：你遇到过什么困难吗？

回答：在最初的几个月里，语言障碍让我与父母的沟通有些困难，但后来一切就变得容易了。

提问：你会对考虑收养中国福利院的孩子的人说些什么呢？

回答：请收养那些孩子吧。我很高兴带你们去中国，带你们到处转转，看看那些渴望家庭的孩子，希望你们能为他们找到一个家庭，创造新的生活。

提问：那么你会给年龄小的中国被收养人什么建议呢？

回答：请放松。一开始的时候可能会比较困难，因为和你在中国所熟知的不一样，食物不同、文化差异，但只要你有时间慢慢品味，就会适应并爱上那里，时刻不忘感激你所拥有的一切，每天都感谢上帝让你有了一个家。

作者：约翰·艾比

摘自《浩德国际》杂志

致力于中国残疾事业的伯仁奖学金获得者

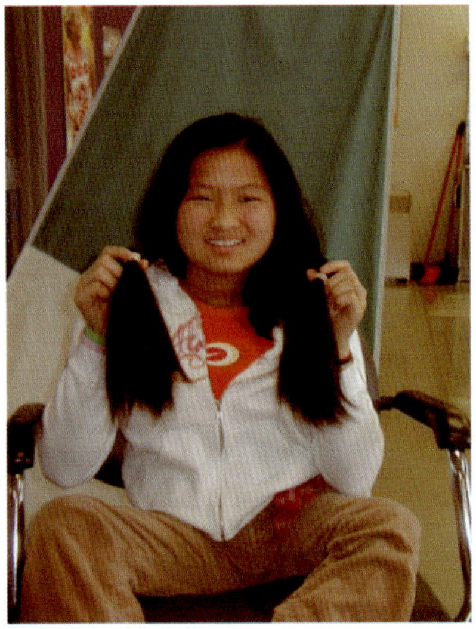

十年前，我还在福利院的时候，就一直在想，我会不会一辈子都在这个地方度过了呢？没有爸爸妈妈的爱护，没有机会上学，眼看着身边的孩子们一个个有了家庭，而我却因为残疾的双腿而受冷落，对此我十分失望。我希望能跟正常孩子一样上学，福利院的阿姨曾经帮我争取过，可后来还是因为我无法行走而作罢。

11岁那年，我被一个美国家庭收养了，我的生活从此彻底改变，我可以高兴地去上学、交朋友、被家人关爱、实现自己的梦想。在这里，大家对我十分友好，他们告诉我，我的双脚就是聪明的脑袋，我抱着感恩的心过着精彩的生活直到现在。我已经上大学二年级了，想想刚来美国时我不会说英文也没上过学，现在的我是多么幸福！

来美国后我跟妈妈说我想学中文，正巧妈妈在报纸上看到俄勒冈大学有一项高额奖学金是专门颁发给想要学习中文的学生的，于是我努力地自学中文，去申请这项奖学金。

今年夏天我打算去广州的一所残疾人学校实习，负责翻译和英文教学，待两个半月，对此我十分期待！另外，告诉你们一个值得兴奋的事情，我刚刚拿到了2万美元的伯仁奖学金[①]，这是专门奖励给那些计划留学的本科生的，今年共有944人申请这项奖学金，151人获奖，我就是其中一位。明年我可以去南京大学进行一个学期的学习，跟那里的同学上一样的课程。

---

① 伯仁奖学金（Boren Scholarships），是唯一一个支持美国本科生去国外学习的奖学金（包括非洲、亚洲、东欧、拉丁美洲和加勒比地区），专门针对科学、技术、工程和数学方面的学习。

此外，我曾通过美国国际教育交流协会的项目去过上海，进行为期两个月的学习。这个项目在2011年正式被列入旨在增加中美交流的“十万强计划”[1]中，我是迄今为止通过这个项目到中国的首名残障学生。我爱我的祖国，我去过很多次了，所以我对回国一点也不担心。

下面说说我的梦想，在我很小的时候，上学就是我的期望，在中国上大学更是我的梦想，现在我可以实现梦想了。我想用事实证明残疾人也可以上学，跟普通人一样。我十分期待去南京学习深造，我可以将我的英文中文学得都很地道。

明在郴州

我有一个在福利院的朋友，她也是个残疾人，没有家人，对未来感到渺茫。我们经常通话，得知这种情况，我给她买了一个轮椅，并赞助了她一个学期的学费。我很欣慰可以为她做点事情，不过也就是通过这件事情，我开始深思，我能帮助一个，那么其他的残疾人呢？于是我越来越坚定了我的梦想，就是帮助那些中国乃至世界各地的残疾人，让他们

① “十万强计划”(100,000 Strong Initiative)，最早是美国总统奥巴马2009年11月访问中国期间宣布的，国务卿希拉里·克林顿2010年5月在北京正式将计划签署为双边协议，目的在于加深美中在教育、科技和体育等领域的互动合作,预计在之后4年内招揽10万名美国学生到中国留学，将目前派往中国的留学生人数加倍，以加深美中交流。

明在俄勒冈大学

有机会上学，实现自己的梦想，像我一样快乐地生活。我希望我将来能够从事相关的工作，把一生都奉献给残疾人事业，这将是一个很有意义的工作。

作者：明·卡纳迪（被收养人）

明登上了长城

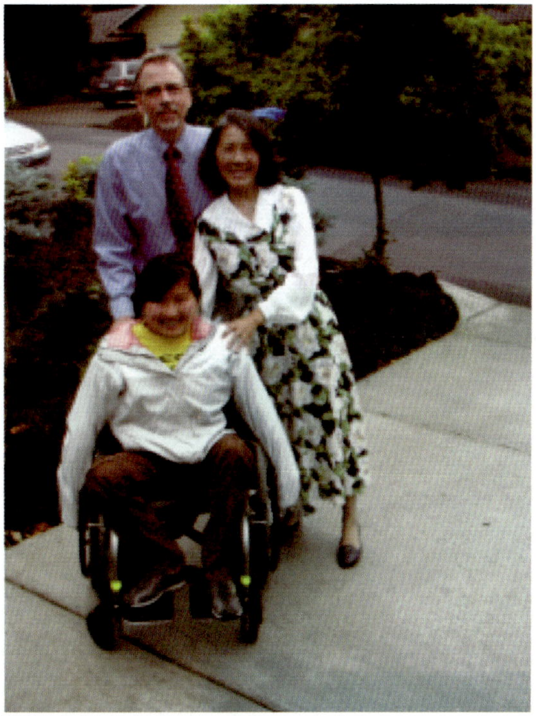

明和她的父母

INTERNATIONAL

明获得的伯仁奖学金证书

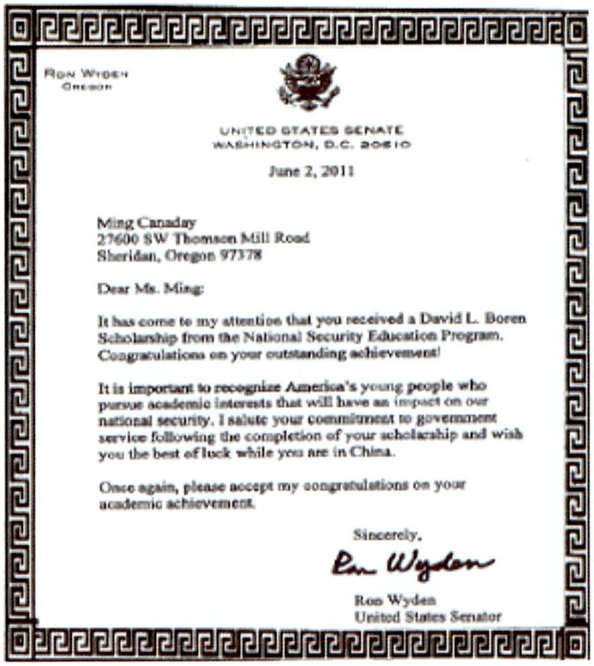

Ron Wyden
Oregon

UNITED STATES SENATE
WASHINGTON, D.C. 20510

June 2, 2011

Ming Canaday
27600 SW Thomson Mill Road
Sheridan, Oregon 97378

Dear Ms. Ming:

It has come to my attention that you received a David L. Boren Scholarship from the National Security Education Program. Congratulations on your outstanding achievement!

It is important to recognize America's young people who pursue academic interests that will have an impact on our national security. I salute your commitment to government service following the completion of your scholarship and wish you the best of luck while you are in China.

Once again, please accept my congratulations on your academic achievement.

Sincerely,

Ron Wyden

Ron Wyden
United States Senator

美国参议员罗恩·威登写给明的祝贺信

附：有关明的一篇报道：

给有志向的大学生出国学习的机会
——明·卡纳迪用奖学金帮助中国本土残障儿童

明·卡纳迪11岁的时候离开中国的福利院，她在这里生活了整整11年之后在美国的收养家庭开始了新的生活。当谈及中国，明说道，“那里（中国）的生活就像很久很久以前的事情了。”

9年后的今天，明现在已经成为一位主修国际关系和中文的大二学生，她投入很大精力了解自己的祖国，希望自己能做些事情给祖国人民带来变化。当谈到自己无数次回中国的经历时，明说道：“很多人都没有机会回到过去改变一些事情，现在我拥有了这个机会。”

鉴于明对中国的浓厚兴趣，著名的伯仁奖学金为她提供资金支持，她预计在一月份的时候回到中国，开始为期5个月的海外学习计划和为期4个月的实习，而对于明来说，这种经历的意义远远不只在国外求学那么简单，这更是一种回报。

当明还是个孩子的时候，她患有严重的脊柱侧凸症，她来到了美国，进行了长达24小时的手术，要是不进行这项手术的话，她很有可能活不过20岁。小儿麻痹后遗症在患者感染病毒后的几年里，会一直影响到他们的生活，明就是由于小儿麻痹后遗症而致残。她计划利用这次机会，将自己曾经受到过的帮助再给予他人，帮助那些残障儿童。

“我想了解一下在中国作为一个残障人士，他们是怎么生活的。”明说，“我想这样能使我更深刻地了解到中国残障人士的日常生活，了解他们是怎样处理力所不能及的事情。”

伯仁奖学金奖励给那些计划在美国之外学习的本科生，该奖学金为其获得者提供2万美金的资金支持。今年共有944人申请这项奖学金，151人获奖，明就是其中一位，再加上其他方面的资金援助，明希望能够攒够这次中国之旅的所有费用。

“我之所以申请这项奖学金是因为我认为这是一个非常好的机会。”明说，“这个项目和接下来的实习计划可以对我毕业后找到合适的工作有帮助。这是一个非常好的机会，大学毕业后就可以直接找到合适的工作，了解政府事务是怎样运作的，以便我从政策和法律的角度了解事情的运转情况。”明说。她计划通过了解政府工作，来帮助制定有助于残障人士的法律和政策。

对于离开家到地球的另一端学习接近半年的经历，明从来没有担心过。“在中国我感觉就像在家一样，”她谈及之前的几次中国之旅时说，“我在那里长大，我并没有感觉到那里是国外。”

记者：艾德林·贝西

我帮女儿扎下根

虽然我是一名美国人，中国却是我生命的重心。

我于2000年和2004年分别收养了两个中国小女孩——丽菲和家欣，她们给人的感觉截然不同，就像动和静、阴和阳的差别一样，但是这些并不妨碍她们之间像亲姐妹一样亲密。

丽菲出生在一个江边的小村庄，还是个婴儿的时候，福利院就给她选择了一个寄养家庭，她学走路有些晚，因为寄养父亲喜欢一直抱着她，她的双脚几乎没有接触过地面。她在寄养父母那里得到了很多关爱，当她的寄养母亲满含热泪把她交给我的时候，我当时就承诺将来有一天我一定会带着孩子再回来看看。我相信这个中国女孩将来长大了也会怀念她出生的地方，思念那些虽无血缘关系但是却对她视如己出、呵护照顾的亲人们。

4年以后，我们又收养了第二个女儿家欣，当时只有15个月大。她在一岁之前就开始学习走路，据福利院的老师介绍，每天早晨老师给他喂过饭之后，她就会在福利院大楼的

全家在中国乡间

台阶上走上走下，并且和其他人大方悠闲地打招呼，之后她就会走过院子，站在福利院大门那里，望着外面来来往往的热闹景象，向往着外面的生活。她的嗓门很大，经常引起福利院院长的注意，院长觉得这个孩子很有意思也很有活力，所以经常抱着她去市场闲逛。丽菲像个艺术家，在婴儿期就非常喜欢音乐，我们带她回美国的时候，在10000英里的旅途中，她总是随着音乐晃来晃去。而家欣的性格则很坚强，她的成长之路向每个人都证明了她是一名勇士。

回到美国之后，这两个女孩在新环境中适应得很好，我们的家人、邻居和整个社区都非常欢迎她们。因为有了她们，我们夫妇俩一直将中国珍藏在心中，在家里摆放了很多中国的艺术品，还有照片和地图。我们结识了很多中国朋友，在一起高兴地庆祝中国节日，还给两个女孩子都报了中文学习班。

重要的是，我们还一次次地回到中国。当丽菲长到两三岁的时候，我带着她一起住在中国的乡下。那时当地的一所学校正在招聘外国教师，我立即申请了，我在那里教英语，丽菲则在那里上幼儿园。在那一年中，她可以用中英两种语言与人沟通，并且学会了煮米饭和放风筝，对此我非常自豪。我们曾经坐火车去丽菲的出生地，沿途我们遇到的朋友，有些已经成为我们一生的好朋友。

我越来越喜欢中国乡村那种淳朴、勤劳的生活方式，我也随之变得更强大和自信。当“非典”在中国肆虐时，很多外国人听从大使馆的建议，离开了中国，而我选择留下来，带着女儿，继续在学校教书，继续我的工作，这一年是值得纪念的。

两年后，我们在中国又收养了家欣，全家再次踏上了中国的土地，而且两个女儿曾经住过的福利院相距很近，这让我们感到有些激动。

全家合照（从左到右依次为：家欣、丽菲和爸爸、妈妈）

2008年北京举办奥运会，我和女儿们又一次来到中国。我们从广州入境，然后去访问了两个孩子的家乡，受到了热烈欢迎。那个时侯，正值家欣5岁生日，于是我们为福利院里所有的孩子举办了一个晚会。家欣对福利院的记忆很深刻，她带着我们穿过走廊，来到一间储藏玩具的房间，这真是太神奇了！最后我们去北京观看了奥运会，整座城市充满了节日的喜庆气氛，到处是奥运会的宣传画，到处贴满了“北京欢迎您”的宣传语，还有专门卖“福娃”的商店，给我和我的女儿留下了深刻印象。

我的母亲曾经是一名奥运会花样滑冰运动员，并且多年来一直担任世界级滑冰裁判。我从小就被运动氛围熏陶着，观看过很多次奥运比赛，但感觉都不如北京奥运会这样壮观，况且我还是和我两个中国女儿一起观看的！

丽菲一直喜欢音乐，她喜欢像个孩子一样尽情地无拘无束地为我们表演。她的小提琴和钢琴都学得很棒，表演也非常自如，并且会定期在教堂里为大家表演。她喜欢艺术，欣赏一切美好的事物。至于家欣，她是我们家的运动健将，当年那个倔强灵活的小孩子已经

妈妈带着女儿们登上长城

观看2008年北京奥运比赛的母女三人

成为了坚韧不拔、争当第一的小女生。她继承了外婆的运动基因，擅长各种体育项目。从6岁开始，我们在速滑项目上对她加强培养，她喜欢110米短道速滑和400米速滑，已经是个有模有样的小选手了。

我希望家欣能像丽菲一样体验一下中国文化。于是在培养她滑冰的兴趣之外，我还给她提供了和姐姐一样的学习机会，2010年，家欣和我回到了我曾经工作过的那所学校，继续我的执教生涯。而丽菲和她的爸爸则留在了美国，这对于我们全家来说，确实是一件很艰难的事情，我们各带一个孩子，分别在中国和美国两地生活，但是为了保持孩子的传统，我们只能作出这样的选择。在那段日子里，我们经常在网上聊天。家欣在当地的学校上一年级，每天下午练习速滑，我教英语课，也给那些年轻的运动员上文化课。家欣每天都跟教练、队员一起进行训练，这对她各个方面都有好处，她的中文语言能力突飞猛进，她的滑冰技术也进步很快。我们还一起去观赏了哈尔滨著名的冰雕展览，我们喜欢吃当地的饺子。总之，我们在那里的生活是丰富多彩的。

喜爱音乐的丽菲

滑冰高手家欣

和外婆在冰上嬉戏

回到家之后，我们的生活充满了亲情和友情的温暖。丽菲和家欣在学校表现优秀，她们之间可以用汉语交流了。虽然她们的性格、爱好像太阳和月亮、冬天和夏天、阴和阳、动和静一样不同，但是她们之间也有互补的一面，她们都是我们家不可分割的一部分，有了她们，家现在更温暖了。

我真的想再多拥有一颗心，多爱这些孩子们一些。作为父母，我们的责任是帮助她们生根，帮助她们长上翅膀。通过与我的女儿们在中国生活的这段时间，我已经帮助她们扎了根，她们学习自己的母语，使得她们的中国文化能够延续。明年我的女儿们将满9岁和12岁了，她们的翅膀也日渐丰满。将来有一天，她们可能会选择在中国工作或者学习，甚至生活。到那时，我会坚定地鼓励她们，给她们祝福，但是我也会给她们保留一个温暖的家，用我敞开的心扉欢迎她们随时归来。

作者：吉尔·格里菲思（收养母亲）

女儿回国参加了“希望之旅”

当问到关于我女儿的情况时，我真的不知从何说起。作为一位收养工作者（在美国收养重组家庭服务机构工作，任中国项目负责人），人们经常会让我告诉他们关于特殊需要儿童的情况，因为他们知道我收养过这样的孩子，当他们问我这些特殊需要在孩子身上看起来是什么样子，我会直接拒绝回答这个问题，因为我真的不认为我的女儿是一个有特殊需要的孩子。我有时候还会说：哦，是的！她真的很特殊，我真的很需要她！

我知道，父母们总是感觉自己的孩子是特殊的，拥有一些别的孩子所没有的特性——我知道我的孩子肯定也是！自从她六岁时来到我们家，希拉所到之处，总是充满了欢声笑语。从没有人相信她曾拥有那么痛苦的一段人生，因为她一直都表现得很乐观。她对生活的乐观态度，以及她由内而外所散发出来的美丽，让我们周围的很多家庭都考虑要从中国收养孩子。每年都能看到来我们这边学校里的中国面孔不断增加，这让我感到非常高兴。在希拉开始上学的时候，她还只是学校里唯一一个出生在中国的孩子。

希拉和妈妈

希拉和妈妈参加友人的毕业典礼上

当希拉小时候在中国跟自己的生父母住在一起的时候，肯定发生了很不幸的事故，我得到她的资料时，她是特殊需要儿童，双腿烧成了重伤，并留有大面积烧伤后的瘢痕，瘢痕组织收缩，影响行走。

把她带到美国之前，我们就联系了美国治疗儿童烧伤最好的医院之一——施里纳医院（SHRINERS），那是一所在儿童烧伤领域处于领先地位的医院，它能够为伤患者提供全面的护理、矫正和康复治疗，而且他们处理过像希拉这样有严重瘢痕、挛缩变形和肢体运动障碍的病例。

在来到我们家六个月之后，希拉在我选择的这家医院里，接受了第一次手术。主要是在腿上四个地方进行皮肤移植。那次手术真的很艰难，医院在离家五个小时车程的地方，我陪着希拉在那里度过了两个星期。当时希拉在读一年级，她的同学们都给她送来了“快快康复”的卡片，在她康复回校后，孩子们都积极地帮助她。从那时起，希拉又进行了两次手术，因为有伤疤的皮肤不会像健康皮肤那样生长，它会在孩子成长的过程中逐渐萎缩。腿部皮肤移植和疤痕松解手术，让希拉的腿和脚更具灵活性，现在她在活动方面已经没有任何障碍了。烧伤的皮肤上没有油腺和汗腺，所以希拉一直要面对腿上的皮肤干裂问题。她每天都要在腿上擦几次油，还经常需要使用绷带。

在我们成为母女的这九年里，希拉从未对自己的情况感到难过，从未问过“为什么我会这样？”当我遇到困难时，我总会想起她身上所具有的坚忍和顽强，想想自己能够做她的母亲是多么的幸福！

希拉是一名优秀的学生，她的老师们经常表扬她。无论是在学校还是在家里，她都很努力，功课总是最高分，在学校里她成绩优异并且获得过很多奖励，并在七年级结束时还获得了最高荣誉奖。语法对她来说有点困难，这是那些非本土生孩子所面对的共同问题。她最好的科目是数学，现在她正在读一个代数班，当她明年开始读高中的时候，这些学分

希拉（左二）参加中国春节的庆祝活动

在2010年江苏南通的“希望之旅”活动中，希拉向福利院的孩子们介绍了自己在美国的学习和生活经历

也会算进去的。过去的9年里，她一直在私立学校就读，现在她还想继续在私立学校上学。

希拉的直系亲属并不多，但是她却有很多朋友。因为我的父母都已经过世，她没有见过自己的姥姥姥爷，但是她现在经常去看望一对老夫妻，他们就像是希拉的祖父母一样。我们有几个朋友总是喜欢叫她“Ayi”（阿姨），可见我的希拉是个爱操心、喜欢照顾别人的孩子。她在学校有一群好朋友，她们总喜欢在一起玩耍，在学校的排球队一起打球。她有几个朋友也是从中国收养来的，而且我们几个家庭还会经常聚到一起，庆祝中国节日。幸运的是，我们所住的地方有几个来自中国的家庭，邀请我们几个收养家庭参加了她们的节日庆祝。希拉爱自己的朋友和家庭，为自己的中国背景感到骄傲。去年夏天，希拉和我一起参加了中国儿童福利和收养中心举办的“希望之旅”活动，这也是她被收养后第一次回到中国。在活动过程中，希拉通过自己制作的幻灯片，向福利院的小朋友们介绍了自己在美国的学习和生活情况，她在这次活动中表现突出，帮了很多忙。我相信这样的活动能帮助她更好地理解自己的身世，当她回到家后，她看起来更加成熟、更加自信了。

希拉在美国已学习了多年中文课程，你们能看到她参加中国春节庆祝活动时，身着中国传统服装，脸上洋溢着灿烂的笑容。希拉对自己的中国背景感到无比自豪和骄傲，她经常向她的同学们讲述有关中国的文化传统，她是一个快乐而健康的孩子，十分热爱生活，总是愿意将自己的快乐传递给每一个认识她的人，她优雅而自信的性格使得很多收养父母主动考虑要去收养一名来自中国的儿童。

我庆幸我所度过的每一天，我觉得我能够成为希拉的妈妈，真是太幸运了！

作者：贝蒂·贝茨（收养母亲）

爱尔兰血统家庭迎来了中国元素

我生活在多种族血统的家庭里，接受着不同文化的熏陶。我的祖父母生在19世纪末期的爱尔兰；1902年父亲在纽约出生，是众多移民中的一员；我的外祖父母出生在捷克共和国，1920年母亲在纽约出生。顺便说一下，奶奶科莫福德在来到这个国家之前曾经在爱尔兰的卡莱·基尔代尔跑马场上见过英国维多利亚女王。

尊重不同文化的教育，并尝试各种文化传统已经成为我们家庭的习惯。在圣诞节前夜，我们会吃“库巴”（Kuba），这是一种捷克美食，用大麦粒和蘑菇做的，上面有很多大蒜和黄油。在圣帕特里克日也总是家人一起吃大餐。在美国，我们会自然而然地意识到我们这一家人有着深厚的多民族背景，这种对于多文化的自豪感，是由于“血缘”而联系到一起的。

科莫福德家的两个女儿

全家福

大约7年前，我的姐姐和她丈夫决定收养一个孩子，他们提前就邀请我做小丹尼尔的教父，这让我十分激动。在让新外甥逐步融入我们家的价值观和传统的过程中，我也逐渐认识了跨国收养，为自己以后的收养提供了帮助。

现在我有两个中国女儿了，我们全家都很喜欢中国文化。我们家中4个人都有同样的价值观，其中的两个人在中国出生，是华人，我怀里的漂亮女儿们有直直的黑头发和黄皮肤。如果现在爸爸要做扇贝炒米饭，那我们全家就都用筷子吃饭。

有朋友说我们应该让她们从小就成为“美国人”，但是我却希望她们能自由发展，慢慢去适应和融入新的生活和环境，从热爱这个国家开始，包括国家给予我们的自由和选择的多样性。她们不应该忘记这个国家也曾有她们祖先的贡献，例如那些中国劳工从西海岸开始建造跨州铁路，他们是为美国的历史进程贡献过力量的人。

我们也希望尽量将中国文化的一些元素融入自己的生活和抚养方式中来，我们认真学习过《儿童权利法案》，特别是涉及跨种族收养的部分，帮助她们在新的环境中保存和重视传统文化、与同种族的人交朋友、积极参加体验祖国文化的活动等等。而我们要做的是将不同文化和传统进行完美融合。

常常让我们感到自豪的是中华美食，在我们公司召开会议的时候，我们会特别提议大家烹饪并分享一种中国风味的食物。

中国的饮食文化是中国古老文化的重要体现，正如格雷丝•杨在她的书《中国厨房的智慧》中提及：要掌握中国菜的做法需要学习一辈子，烹饪知识是祖祖辈辈传下来的东西，为家庭做一顿饭是一种爱和创造力的表现，就如同我从小就吃的库巴对于捷克家庭具有特殊意义一样。

当然，这并不意味着我对于我的双胞胎女儿们没有简单而带有一点点“自私“的梦想：那就是让她们快乐、自信、坚强，连续3年赢得温布尔登女子双打冠军，做一辈子时装模特和国际投资银行家，在上海给爸爸妈妈买一套公寓，能够俯瞰到黄浦江，也许可以常常地回家来给我们做顿晚饭。

作者：彼得·科莫福德（收养父亲）

逆境中的幸运儿

晓玲在她只有几个月时就住在福利院，3岁的时候来到我们家，晓玲的右胳膊和手有伤，叫做臂丛神经损伤[①]。晓玲的情况比较严重，在收养她的时候，她的手指还不能动。她是中国儿童福利和收养中心送养到澳大利亚的第一个有残疾的孩子。

快乐的晓玲

最初的适应过程对晓玲来说是很困难的，她不明白发生了什么事，显得有些害怕。她需要很多的爱、关心和亲近，才能感到安全，我们很荣幸能够给予她爱，以及很好的治疗。通过使用夹板和理疗，晓玲的手指开始变松，逐渐可以活动了，肌肉能移动到合适的位置，可以轻轻地抓住东西，她手臂的力量和活动范围都有所改进。

在玲身体机能恢复的过程中，她也获得了自信。她很漂亮，性格温柔，有很多朋友。哥哥和妹妹都非常爱她（妹妹也来自中国），当然还有祖父母和许多表兄弟姐妹。

玲也是我们当地中国社团活跃的一分子，我们非常幸运，在这个社区有一个著名的舞蹈老师叫梅真武，她教晓玲和其他的孩子跳中国舞。梅真武女士曾在中国福利会少年宫教了45年的舞蹈，为此她还获得过由中国文化部颁发的终身成就奖。梅老师逐渐接受了晓玲，尽管晓玲受胳膊的限制，做舞蹈动作时不那么完美，但是她还是顽强地成为了舞蹈团的一份子，舞蹈团在许多演出上向澳大利亚人民展示中国文化，参与到其中的孩子们也以身为中国人而自豪。

---

① 主要表现以肩胛带肌为主的疼痛、无力和肌萎缩。婴儿时期的臂丛神经损伤一般是由产伤造成。

晓玲（左一）与家人

晚会上的钱晓玲（左七）

作为她身体治疗方案的一部分，晓玲参加了游泳训练。经过刻苦努力，她收到了一份由当地的游泳俱乐部颁发的游泳奖学金，以及残疾分类证明，可以去参加国家级赛事了。她赢得了新南威尔士州锦标赛金牌，并将参加10月份在堪培拉举行的全国冠军赛。她的目标是成为残奥会运动员。

不久，她将前往上海，参加由中国海外交流协会赞助的语言浸入文化营，这次活动对于她了解自己的故事和经历都非常重要。我们要感谢中国儿童福利和收养中心对于我们的信任，语言已经不足以表达我们有多爱她，也不足以表达我们多想帮助玲做到最好！

作者：亚伦和卡琳·格里伯（收养父母）

梦想成真

当初，那就是个闪念，但闪念后来成梦想，梦想成计划，计划成现实，也成就了我们的埃娃·秀娣之梦。

大约二十五年前的一天，我们漫步街头，一个吉卜赛女人执意要为我们算命，仅需一枚硬币。当时，我们新婚燕尔，觉得这很有趣。吉卜赛女人说我们会有三个孩子，我们笑了起来，真是胡言乱语，我们连一个孩子还不曾想要过呢。然而，光阴荏苒，我们的第一个孩子降生了。五年后，又生了第二个孩子，然后就打住了。直到前不久，我们又想起了那个吉卜赛女人。

做父母的本能，会神秘地显现，毫无理由，有时又消失了，也无任何理由。我们和两个儿子生活，平静而幸福，家里没有女孩。

一个周日，我们来到一家比萨店就餐，旁边的桌子坐着和我们同样的一家人，有两个大男孩，还有一个漂亮的小姑娘，皮肤是黑色的，显然是收养的。此时，一个小火花闪

刚跟父母见面的秀娣

现在我们眼前，我丈夫问两个儿子："你们想要个小妹妹吗？"随后，又一本正经地对我说，他希望有个女儿，而且希望孩子来自远方，确切地说，来自中国。这一切让大家兴奋了好几天。之后的第二个星期，我们就来到社会事务处，开始办手续了。

在西班牙的行政部门，一切都进行得比较顺利。办手续的时间长了些，将近一年，但我们行动迅速，步步紧赶。当时，也有可能分配我们一个男孩，但也算不得什么大问题，就像生孩子一样，是无法选择的。想当父母，就要有最好与最坏的思想准备。无人知晓孩子是否健康，是否漂亮。我们做父母，就要坦然地承担风险，承担一切后果。

说到孩子，我们一直想要个女孩，我们有这样的预感，事实亦是如此。我们开始关心中国发生的一切，不断地搜集各地的信息，想着女儿会来自何方，是北方还是南方。发大水了，我们就想女儿会在什么地方，是否安全。我们相信她已出生，因为我们申请的是大一些的孩子。在这件事上，中国的主管部门也满足了我们的愿望，见到女儿时，她已3岁了。

儿子们也满怀期望，我们调整了孩子们的房间，并开始为女儿布置屋子。全家人都为孩子准备了东西，有玩具，也有衣服，大家都满腔热情。

我们一直在想，孩子会是什么样子，最纠结的是，孩子会不会喜欢我们，我们是不是配得上她。我们必须面对那些几乎忘却的孩子成长必经环节，要送她上幼儿园、上学，大部分家长肯定要比我们年轻许多，我们的大儿子都18岁了。但是，我们正如西班牙常说的那样："加油，勇往直前，拿出斗牛的勇气！"

收养孩子的日期渐渐临近。我们的文件已交到中国，也就心安了，只是再稍等一会儿的问题。确切地说，等了6个月，这方面我们也是幸运的。我们上网关注进展的情况，这样又认识了许多和我们情况相同的家庭。梦想呀、猜测呀，一切对我们都是未知数。每天，我们做的第一件事就是打开电脑，看看大家的议论，看看安置的进程。

秀娣（中）、哥哥和妈妈

我们的等待终于有了答案。一天上午，我们接到了西班牙办理文件的组织打来的电话，他们说我们的女儿来自广东，3岁了，名叫秀娣（音译）。

2005年7月17日那天，烈日炎炎，我们终于走下了飞机，抵达广东。行程将近24个小时，但我们并没有疲倦的感觉，反倒有些急不可耐。再过几个小时，我们就要实现此行的目的，漫长而甜蜜的等待就要结束。

真是令人难以置信，我们离家那么遥远，却没有丝毫的陌生感，只有些为第一次见女儿的担心。我们身在女儿的祖国，作为她的亲人，我们是会受到保护的。

秀娣，也就是如今的埃娃·秀娣，当时看上去十分弱小。我们刚把她抱起来，她的小脸上就露出了害怕的样子，我们也许是她第一次见到的外国人。在埃娃眼里，我们的样子怪怪的，她哭了，小腿还踢了好一阵子。难堪的时刻转眼即逝，埃娃平静了一些，孩子紧紧地抓住爸爸，在中国的这段时间再也没有松开过。妈妈却被她排斥了好几天，只有到家以后，才开始信任妈妈，让妈妈接近她。

在中国期间，孩子几乎没有进食，只啃些饼干，记得她当时特别喜欢炸薯条，这让我们有些犯愁。应该说，孩子当时还不懂我们说的话，只听过广东话。但慢慢地，她也逐渐明白了，到家时都能用西班牙语说“你好”和一些简单的词语了。当时北京天气热得喘不上气，但我们还是游览了许多迷人的地方，然后就起程回家。

到了我们居住的地方，亲人们都在火车站的站台上等候着。首先映入眼帘的，是一条巨大的横幅，上面有我们寄回去的孩子照片，以及我们抓拍到的她的第一次笑容。爷爷奶奶、亲戚朋友都热情地欢迎我们，女儿却有些害怕，使劲地抓着爸爸。欢迎仪式过后，我们和三个孩子，一家五口回到了家里。家庭的共同生活历险记，就此开幕。

一切都很顺利，女儿学得很快，吃饭也开始像样子了，亲人也都认识了，夏天就这样过去了。9月份送孩子上学，我们觉得过于仓促，又带着女儿享受了几个月的天伦之乐，孩子的话能说好之后，上儿童学校才较为有利。如今，埃娃·秀娣正在一所学校读小学4年级。她有很多朋友，从第一天开始就已完全融入。

女儿曾问我们，她出世最初几年是什么样子。显然，有些问题我们无法回答，我们自己也不清楚。有一天，孩子问我们她嘴唇上的小疤痕是怎么来的。还有一次，又问我们她小的时候是什么样子。我们只好拿出一张孩子大约6个月或8个月的照片给她看，女儿却说：“你们都弄丢了吧，太可惜了。”前不久，年满9岁的女儿又问我们她是几点出生的。显然，孩子们曾在学校谈过这个问题。我们有些难堪，只好说我们也不清楚。第二天，孩子又说：“妈妈，问题解决了，我跟小朋友说了，我是下午一点半生的，行吗？”“很好，孩子。”我们说道，“能在这个时间出生，真是太棒了。”

就这样，我们不断回答她成长中提出的问题，从不说谎，但也不曾过早说明孩子仍未提出过的情况。不过有一点我们是很清楚的，虽然孩子生命之初有些缺失空白我们无法填补，但她的现在是完整的，我们也希望她的未来能像她期盼得那样激动人心。

一直以来，我们都在告诉孩子，我们很快就要拜访她出生的国度，她生活过的城市，还有她出生最初三年住过的福利院。当年第一次去中国同行的家庭，大家常常保持着特殊的联系，时常聚会，亲眼看到每一个孩子在成长，孩子们也都成了特别要好的朋友，不会因岁月的流逝而淡忘这份“亲情”。

这就是我们的生活，儿子们已长大成人，9岁的女儿则是全家的开心果。感谢中国为我们开通了领养埃娃·秀娣的道路，如今我们才明白，那条能将注定要相见的人们联系起来而闻名于世的无形“红线”，是能够跨越上万公里的。

作者：特雷莎·雷伊纳·阿吉拉尔（收养母亲）

回家之旅：收养和抚育中国女儿

寻觅依依的旅程很早以前就开始了，甚至在我们还不知道依依就是我们要寻找的人以前，我们就已经起程。这趟旅程始于我们的内心，始于我们内心对冒险的渴求和对生活的热情，这种渴求和热情不光把我们带到了中国，最终还将我们带回了家，一个我们从未想象过的家。

1993年，多米尼克来到了中国，当时的他只有19岁，一名背包客，仅有的家产是100美元；1998年，我也来到了中国，当时的我也只有19岁，一名学生，主修的是中国文学。我们出于不同的原因选择了中国：对多米尼克来说，到中国是一个大胆的决定，是一次勇敢的尝试，是抑制不住的好奇心引领着他来到这里；我则经过了深思熟虑，为了能更深入领会鲁迅作品的精髓，我立志学习中文，并且作为交换生来到了中国。对于我们两个人来说，原本只有几个月时间的计划分别变成了18年和12年。

最初几年光阴似箭，生活在喧嚣变化的主旋律下偶尔唱响平静安定的副曲。我们亲眼见证了北京从彼时的自行车城市变成现在的国际化大都市，从三环扩展到六环，从城区延伸至顺义。

我们两人认识不久后就结婚了。尽管我们想在北京结婚，但在当时的北京还不能为两个外国人提供登记结婚的服务，于是我们在6月3日飞到香港，并于6月4日在香港登记结婚。6月5日，我们飞回北京继续我们的生活。到了2006年，我们拥有了三个女儿，普鲁登斯、维尼、罗斯，生活很充实、美好，但是我们知道，我们还会有更多孩子。

2006年多米尼克在北京开设创可贴T恤商店

生活的改变也随之而来。我重返职场，就职于2008年奥运会主播机构。多米尼克则勇敢地开启了事业新篇章，创立了北京的第一个T恤品牌——创可贴T恤。抛开生活忙乱的本质，我们的日常生活还是充满了欢笑与泪水、跌宕与起伏，我们对中国的热爱也从未改变。家里的院子就是我们安静的庇护所。

我们在南锣鼓巷的小院里生活了8年，这就是家，我们在这里找到了天堂。许阿姨、康阿姨、崔阿姨、奶奶、大大、爷爷，因为我们的身边有了这些人，我们的家才能充满欢声笑语。他们向我们展示了这个国度中人民的宽宏大度和友好善良。他们还使我们认识到家庭的价值所在，使我们认识到超越传统意义的家庭之外也有爱的存在。我们在中国所到过的每一个地方都在证明这一点。夏天，孩子们在胡同里跑来跑去，邻居家阴凉的屋子任他们进进出出。孩子们和我们一起吃过晚饭后，会溜出去跑到大大屋里再吃一顿……说不定还会跑去康阿姨家继续蹭吃。她们的肚子填满了米饭和饺子，她们的内心则充满了对这些家人的爱。

之后，我们知道是时候迈入生命的下一步了：去实现我们收养中国女儿的梦想。经常有人问我们，为什么？你们已经有了三个女儿，为什么还要收养一个？这是个让人难以回答的问题。我们是不是可以回答，我们就是想这样做，或者我们这样回答，因为在北京地方慈善机构工作的过程中，我们亲自接触了很多这样的孩子，需要家庭的孩子，但是这听起来有些太无私了，不是吗？我们的决定与上帝无关，但是我们有信仰，这份信仰来自中国，来自我深爱的友人。对于我们的北京社区，我们怀有深深的敬意。

我们一刻都未曾怀疑，依依在得到我们的爱之前也得到过很多人的爱。我们确信不管是过去和现在，依依的亲生妈妈都深爱着依依，我们也相信在和我们相遇之前抚育依依成长的社区同样珍爱着依依。对于那些现在疑惑着我们将来也会困扰依依的问题，其答案将随着她生母的消失而无可追寻了，但是只有一点是毋庸置疑的：依依将拥有足够的爱，依依将会得到大家无条件的接纳。

我们把收养依依的旅程称为一次激动人心的经历。为什么这么说呢？因为这个旅程无关地域，也无关宗教。对我们来说，这是一次通过收养文件和耐心等待完成的旅程。是的。剩下的全是激动人心的体验。还有哪个词比“激动人心”更能确切的描述家里新添一个女儿这件事呢？

我们接到中国收养中心的电话通知我们很快就会通过快递收到依依材料的那一天，我们好奇地盯着依依照片的那一天，乃至我们抵达湖北的那一天，伴随我们的都是激动的心情与信念。

曾经有一位朋友问我们："养这么多孩子肯定很难，因为你肯定会偏爱其中一个，给她更多的爱。"多奇怪的一个问题！任何人，不管是男孩还是女孩，不管是父亲还是母亲，都知道父母对子女的爱是无穷无尽的，也是毫无条件的。

抚养女儿对我们来说是一种恩赐。她们时而甜蜜可爱，时而调皮捣蛋，对人时而友好和善，时而语出不逊。她们就像一面完美镜子，折射出你内心的善与恶，她们为你打开一个世界，里面充满温柔、轻吻和爱意注视的瞬间。

依依来到我们家，成为我们的女儿。在见到我们时，她就已经是我们的女儿了，现在同样是。她有姐妹、妈妈、爸爸、阿姨、叔叔、奶奶、爷爷。她有家，永远都会。

我们现在的家庭成员有：普鲁登斯、维尼、罗斯和依依，还有我们两个——多米尼克和劳拉。我们的四个女儿都将在中国长大成人。三个出生在中国，一个出生在英格兰。她们拥有三个妈妈、两个爸爸、一个家庭。

如果现在有人在街上问我们，为什么依依看起来和我们不一样时，我们会诚实地回

多米尼克和中国收养中心安置部汤主任合影，手里拿着推荐书和依依的照片

普鲁登斯、维尼、罗斯和依依在武汉东湖

我们在武汉与依依第一次相见的日子

答：依依是我们收养的女儿。如果被问到："她是中国人吗？"我们会回答："是的，她是中国人，也是英国人和加拿大人。"

上个月在北京的日坛公园，当依依在游乐场玩旋转飞机的时候，工作人员问了同样的问题，我们照实回答。听到这个答案，这名工作人员让依依又免费玩了一次。

我们问他这么做的原因，他回答说："我想不出别的方法来感谢你们，感谢你们抚养了我们的一个孩子。"

在许阿姨家与其家人一起庆祝春节

是的，我们的孩子。我们为什么留在北京，为什么在中国抚养我们的孩子？因为在这里有很多像上面那位工作人员一样的热心人，因为我们的孩子可以自由出入邻居家。因为"我们"的孩子在某种意义上并不"属于"我们，他们属于整个社区。从广义上说，他们是这个院子的孩子，是大大、奶奶、爷爷、阿姨们的孩子，是所有人的孩子。

依依、普鲁登斯、罗斯和维尼一起过着普普通通的姐妹生活。她们一起欢笑、争吵、玩耍、谈天，甚至有时候互相不理对方。这就是她们的生活。偶尔有人问她们姐妹是什么意思，没有一样的血统她们如何相处。说实话，她们没有答案，她们不会去想这些，她们就是姐妹，仅此而已。

我们在中国的生活继续着。从一个孩子到两个孩子，从两个孩子到三个孩子，从三个孩子到四个孩子。我们家庭在日益壮大，我们会一起去日坛公园和后海玩耍，我们会一起做作业，我们会一起在南锣鼓巷吃小吃，我们会一起阅读故事书，我们会一起探望朋友，我们会一起去我们在长城附近的乡间小屋度假。

我们在中国最喜欢的节日是春节。每到春节，我们就会和朋友们聚会，聊聊家常，私下里我们自己一大家子人还会庆祝。我们挤坐在炕边，谈天，玩麻将，看着孩子们从一个大人的怀里钻到另一个大人的怀里，和院子里的姐姐、妹妹、弟弟、哥哥一起放鞭炮，时不时进来抓一把坚果或糖果，然后再跑出去在1月份北京的寒冬里玩耍。在这个家中，没有人问我们为什么要养四个女儿。我们把这个独一无二的社区称为家，这里的人们接纳我们、欢迎我们。我们相信，被这样的爱护和接纳包围着，我们的孩子会在中国成长为坚强、自信的人。

依依已经接纳我们，她爱我们。在她的世界里不是只有一个妈妈和一个爸爸。她的世界里还有许许多多跨越家的界限给予她关心与爱护的人。我们很幸运能够在依依的家乡抚养她，向她传达在我们心中对中国的热爱。可有时候我们觉得这一切都不是我们主动选择的，而是我们的因缘际遇。道理很简单，让我们领会这个道理的故事也很简单：随遇而安。我们选择了解中国，学习汉语，并且在中国扎根。我们留下是因为我们在中国找到了家。我们的家在成长壮大，现在又有了依依，这就是我们回家的旅程。

作者：劳拉·约翰逊·希尔斯（收养母亲）

图书在版编目（CIP）数据

童爱之光——中国涉外送养儿童生活掠影/中国儿童福利和收养中心编著. —北京：中国社会出版社，2012.3

ISBN 978－7－5087－3959－5

Ⅰ.①童… Ⅱ.①中… Ⅲ.①收养—华人—儿童—概况—世界 Ⅳ.①D57

中国版本图书馆CIP数据核字（2012）第038334号

书　　名：童爱之光——中国涉外送养儿童生活掠影
编 著 者：中国儿童福利和收养中心
责任编辑：王秀梅　张　杰

出版发行：中国社会出版社　　　**邮政编码：**100032
通联方法：北京市西城区二龙路甲33号
编辑部电话：(010) 66088776
网　　址：www.shcbs.com.cn
经　　销：各地新华书店

印　　刷：中国电影出版社印刷厂
开　　本：230mm×230mm　1/12
印　　张：19.5
字　　数：228千字
版　　次：2013年1月第1版
印　　次：2013年1月第1次印刷
定　　价：72.00元